ADGD338PO

CERTIFIED SCRUM
MASTER-CSM

ADGD338PO

CERTIFIED SCRUM MASTER-CSM

Alejandro J. Canosa Ferreiro

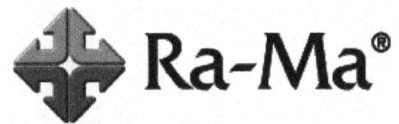

La ley prohíbe
fotocopiar este libro

ADGD338PO - CERTIFIED SCRUM MASTER-CSM
Thema: UMZT - Pruebas y verificación de software
Bisac: COM051230
© Alejandro J. Canosa Ferreiro
© De la edición: Ra-Ma 2024

Editado por:
RA-MA Editorial
Calle Jarama, 3A, Polígono Industrial Igarsa
28860 PARACUELLOS DE JARAMA, Madrid
Teléfono: 91 658 42 80
Fax: 91 662 81 39
Correo electrónico: *info@grupoeditorialrama.com*
Internet: *www.ra-ma.es* y *www.ra-ma.com*
ISBN impreso: 978-84-1018-145-8
Depósito legal: M-5185-2024
Maquetación: Antonio García Tomé
Diseño de portada: Antonio García Tomé
Filmación e impresión: Safekat
Impreso en España en marzo de 2024

Este libro esta dedicado a mi padre Juan Manuel Canosa Vázquez ,el hombre más integro y honesto que conocí y a mi madre María Ferreiro Tallón ,la persona que siempre me ha apoyado durante toda la vida.

Gracias por todo.

ÍNDICE

ACERCA DEL AUTOR

ALEJANDRO JUAN CANOSA FERREIRO

Ingeniero técnico en informática de gestión por la Universidad Nacional de Educación a Distancia. Postgrado en Software Quality Assurance por la Universidad Politécnica de Cataluña. Certificado en Scrum Foundation Professional Certification (SFPC), DevOps Essentials Professional Certification (DEPC), Expert Level Certification en Katalon y a punto de certificarse en ISTQB , Professional Scrum Master e ITIL.

Consultor de QA con más de 10 años de experiencia en el mundo de calidad de software entre España y Colombia y experto en automatización de pruebas de software con herramientas como Selenium, TestComplete, Katalon o Rational Functional Tester de IBM.

1

METODOLOGÍAS DE DESARROLLO ÁGILES

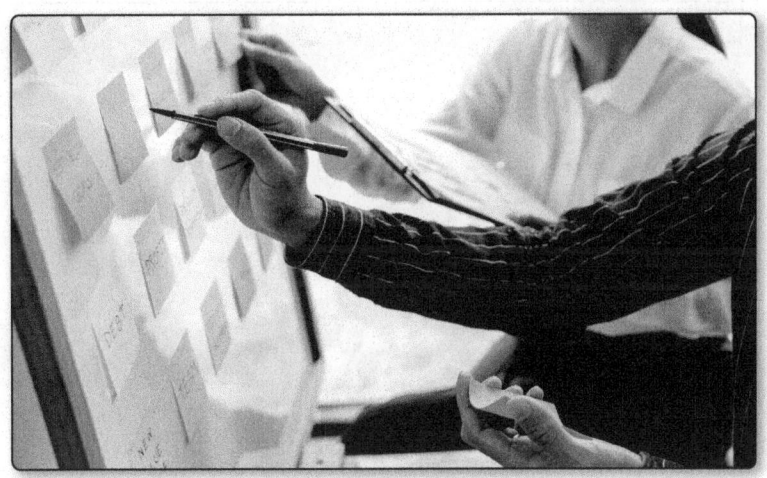

1.1 SCRUM. CONCEPTOS

Scrum es una metodología de desarrollo ágil que utiliza de manera regular buenas prácticas para trabajar en equipo y conseguir el mejor resultado en un proyecto.

En **Scrum** se realizan entregas parciales y regulares de un producto y que son priorizadas por el cliente.

1.1.1 Iteraciones. ¿Qué son?

Es **Scrum,** se hacen entregas de pequeños incrementos funcionales cada dos semanas de manera general pueden ser 3 o 4 semanas, estos ciclos temporales son de duración fija, es decir, cuando se empieza un proyecto y se definen estas iteraciones si se llega al acuerdo de 2 semanas suele mantenerse hasta el final ese tiempo, estas iteraciones como supondrás se denomina **Sprints.**

Algo que se debe cumplir siempre es que estas iteraciones o **Sprints** deben proporcionar un resultado completo, es decir, un incremento funcional del producto.

1.1.2 Priorización de tareas

El cliente que puede ser el **Producto Owner** (propietario del producto) es el que prioriza todas las tareas que hay en el proyecto comparando su coste y el valor que aporta y prioriza aquellas que tienen mayor valor a menor coste.

1.1.3 Reuniones del Sprint

Al comenzar el Sprint se realiza una reunión que se llama **reunión de planificación de Sprint** que se divide en 2 partes:

▶ Primera parte. Selección de requisitos

Dura dos horas y el cliente indica cuales son los requisitos más importantes y su prioridad y el equipo de **SCRUM** selecciona aquellos requisitos más importantes y se compromete a entregarlos en ese **Sprint** y además realiza las preguntas oportunas al cliente.

▶ Segunda parte. Planificación del Sprint

Dura dos horas y el equipo de **SCRUM** identifica las tareas que se necesitan realizar para completar los requerimientos del **Sprint** y se estima el esfuerzo conjunto y se van autoasignando las tareas del **Sprint** y los problemas complejos se puede resolver en grupo.

Durante el Sprint se realizan reuniones diarias de unos 15 minutos que se llaman **dailys** en donde se responde a 3 preguntas:

1. ¿Qué he hecho desde la última reunión de ayer?

2. ¿Qué voy a hacer hoy?

3. ¿Qué impedimento tengo o voy a tener para realizar mis tareas?

Durante el sprint puede ser que el cliente refine la lista de requerimientos o cambie los objetivos del **Sprint.**

Cuando se termina el Sprint el último día se realiza la **revisión del Sprint** que tiene 2 partes:

▼ Primera parte. Revisión

Suele tener una duración de 15 horas y consiste en que el equipo de **SCRUM** presenta al cliente los requerimientos completados del Sprint de una manera que se vea como un incremento del producto y en función del resultado el cliente puede replanificar el proyecto.

▼ Segunda parte. Retrospectiva

En esta parte de la reunión el equipo mira los problemas que hubo en el **Sprint** y entre todos buscan maneras de mejorar el proceso de desarrollo y se hacen compromisos que se deben cumplir y se analiza cómo ha ido el sprint en tiempo de tareas con respecto al **Sprint** anterior.

1.2 KANBAN

1.2.1 ¿Qué es Kanban?

La metodología **Kanban** se basa en la filosofía centrada en la mejora continua, donde las tareas se extraen de una lista de acciones en un flujo de trabajo continuo. La metodología se implementa mediante tableros **Kanban**.

1.2.2 Tableros Kanban

Los tableros **Kanban** es una forma de gestión de proyectos que permite a los equipos de trabajo visualizar los flujos de trabajo.

En los tableros **Kanban** el trabajo de un proyecto se ve organizado por columnas donde cada columna representa una etapa del trabajo.

El **tablero Kanban** de trabajo suele tener las columnas:

- ▼ *Trabajo pendiente.*
- ▼ *En progreso.*
- ▼ *Terminado.*

Las tareas están representadas por tarjetas, avanzando a través de las distintas columnas hasta llegar a la columna terminada que es cuando se ha terminado la tarea.

En la imagen de abajo se puede ver cómo en la reunión se sacan una serie de ideas o requerimientos que se implementan mediante tareas y todo se ponen en **Todo** que sería la columna por hacer, después se va pasando a la columna de realizando esa tarea. **Doing** y por último cuando se termina la tarea se pasa a la columna de **Done**.

1.2.3 Historia de Kanban

Kanban fue creado por **Taichi Ohmo**, ingeniero japonés de Toyota a finales de 1940, lo que hizo esta persona fue crear productos en función de la demanda del consumidor en tiempo real, es lo que se llama **producción justo a tiempo (just in time)** .

Esto soluciono el problema que había, que se fabricaban productos en este caso coches en función de la demanda anticipada, es decir, suponiendo una demanda pero esto hacía que quedaran muchos coches en stock sin vender.

El marco **Kanban** transformó el proceso de fabricación de Toyota, de un proceso de empuje (los productos se introducen en el mercado) a un proceso de extracción (los productos se crean según la demanda del mercado), esto hizo que Toyota tuviera un nivel de inventario más bajo sin que afectara a su competitividad.

Después de ver un poco de historia me gustaría que supierais cual es el significado de **Kanban**; **Kanban** realmente significa en Japones, "kan" que significa señal visual y "ban" que significa tablero.

En Toyota cada tarjeta **Kanban** eran tarjetas de papel que representaban que se necesitaba un producto nuevo o una pieza nueva.

La metodología **Kanban** se adoptó para el desarrollo de software a principios de la década del 2000.

Al final podríamos hablar de **Kanban** como un método visual de gestión de proyectos que permite encontrar un equilibrio entre la demanda de trabajo y la disponibilidad de recursos del equipo.

Esta metodología es ágil como lo son **XP** y **SCRUM.**

1.2.4 Principios de Kanban

Kanban tiene 4 principios que son los siguientes:

1. **Empieza a trabajar con las tareas que existen.**

   Kanban es flexible y se puede implementar en cualquier flujo de trabajo.

2. **Compromiso a buscar e implementar cambios progresivos y evolutivos.**

   Si haces cambios muy grandes es posible que tu sistema no funcione correctamente por eso **Kanban** fomenta la mejora continua y el cambio progresivo, es decir, pequeños cambios que son integrados en el sistema general, es decir, no se cambió todo de una vez, si no que se va cambiando poco a poco.

3. **Respetar los procesos, roles y las responsabilidades actuales.**

   Kaban no tiene roles integrados al contrario que **XP** y **SCRUM** por lo que puede actuar con los procesos y estructuras que haya en un equipo manteniendo procesos que existan en un equipo y que pueden ser excelentes.

4. **Impulsar el liderazgo a todos los niveles.**

Kanban reconoce que el cambio puede venir de cualquier dirección no solo de la parte directiva, por eso alienta a los miembros del equipo a participar y proponer mejoras.

1.2.5 Principales práctica s de Kanban

Kanban no es tan estricto como **SCRUM** pero también tiene una serie de práctica s que se deberían seguir y son las siguientes.

Visualizar el trabajo

En **Kanban** es fácil hacer un seguimiento a las tareas del equipo, ya que empieza en la primera columna la tarea y se va pasando por las siguientes columnas hasta llegar a la columna de finalizando lo que hace que se pueda ver visualmente el trabajo que se está realizando en cada momento.

Limitar el trabajo en grupo

Kanban requiere ser ágil y por lo tanto una tarea no puede estar mucho tiempo en una columna, tampoco pueden estar más de un número determinado de tareas en una columna para ayudar a centrarse en las tareas y no estar con varias tareas y no terminar ninguna, el objetivo es que cada miembro del equipo termine 1 o 2 tareas al día y ser muy productivos.

Gestionar el flujo de trabajo

Se tiene que limitar el número de tareas que estén en una columna a la vez para ser ágiles y hacer una entrega continua, marcar directrices para saber cuándo cancelar subtareas o ponerlas en espera si ocurre algún tipo de impedimento o problema.

Implementar políticas de procesos

Se deben implementar políticas de procesos para mejorar la rapidez de las tareas entre las distintas etapas como por ejemplo cuantas tareas pueden estar en una etapa determina, cuando una subtarea se tiene que cancelar o poner en espera o lo mismo parea una tarea.

Implementar ciclos de comentarios

En **Kanban** se recopilan comentarios de los 2 grupos fundamentales, clientes y equipo.

Los comentarios del cliente son muy importantes porque nos permiten analizar si tubo algún problema el producto o si no están contentos con el rendimiento, cualquier cosa que no le guste puede comentarlo y tenemos un **feedback** muy rápido para mejorar continuamente no solo el producto si no el proceso de desarrollo o cualquier actividad porque siempre es mejorable.

Es importante los comentarios del equipo para saber si están motivados, cansados, insatisfechos; el rendimiento de un equipo puede bajar si se sienten cansados, explotados laboralmente o incluso mal pagados.

De este tema hablare en la última sección de algo muy importante y son las malas praxis que muchas empresas utilizan actualmente y que hace que cada vez menos jóvenes quieran dedicarse a este mundo.

Mejorar colaborando y experimentando

Kanban es mejora continua por lo que tienes que estar dispuesto a combinar **Kanban** con **SCRUM** o a agregar nuevas etapas al tablero en función de tu proyecto, nuevos estándares, nuevas tecnologías.

Mucho se habla de la **inteligencia artificial** y de **ChatGPT** como si fuera a quitar el trabajo a los desarrolladores pero es más una ayuda que un competidor, puede ayudar a mejorar por ejemplo en la **automatización de pruebas** puede ayudar a ver un **mapa caliente** de un sitio y ver cuáles son las acciones más realizadas por un visitante o usuario y convertir eso en scripts para que se pruebe aquello más importante para el negocio real que sería aquello que más utiliza el usuario de una aplicación web o app.

1.3 XP

1.3.1 Historia de XP

XP significa Extreme Programming y es una metodología ágil de desarrollo que fue creada en 1995.

1.3.2 Utilización de metodologías hoy en día

Hoy en día muchas empresas utilizan **Scrum** o una combinación de **Scrum** y **XP**, pocas utilizan **Scrum** con **Kanban** o **XP** solamente, según estudios de diferentes páginas web tendríamos una gráfica con la utilización de las distintas metodologías en distintos proyectos como la de abajo, **Scrumban** sería la mezcla de **SCRUM** con **Kanban** e híbrida sería una mezcla de **SCRUM, Kanban y XP,** por ejemplo.

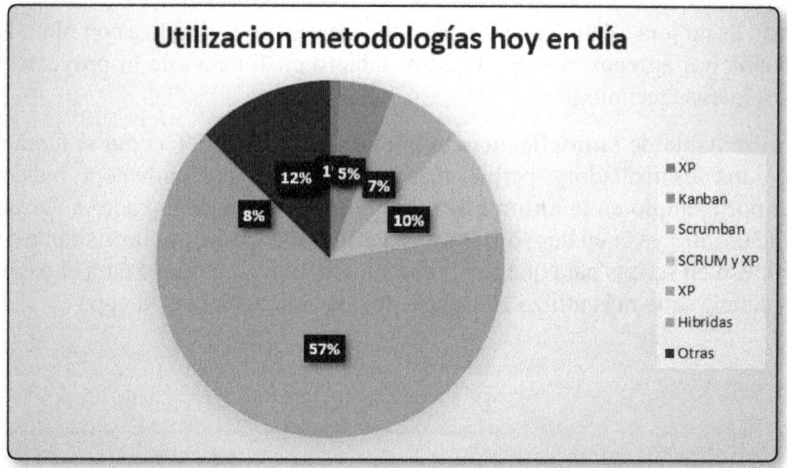

1.3.3 ¿Qué es XP?

Es una metodología cuyo objetivo es crear sistemas de alta calidad basados en una estrecha interacción con los clientes, pruebas constantes y ciclos de desarrollo cortos.

1.3.4 ¿Cómo funciona XP?

La metodología **XP** es una metodología ágil como **Kanban** o **SCRUM.**

Su objetivo es realizar ciclos de entrega rápidos, continuos e incrementables para conseguir el software que quiere el cliente.

XP utiliza una serie de prácticas y fases predefinidas para que el proceso sea efectivo por eso los ciclos increméntales suelen ser semanales, con reuniones constantes entre el equipo de desarrollo y el cliente.

Las prácticas más habituales en XP serían las siguientes:

▶ **Juego de planificación**

Esto es una reunión que se realiza el primer día de la semana y que se llama juego de planificación donde el cliente indica las funcionalidades prioritarias y se indica el alcance que tiene que ser flexible y negociable.

▶ **Cliente siempre disponible**

En **XP** el cliente siempre tiene que estar disponible para responder a preguntas, priorizar el alcance y realizar cambios si fuera necesario.

▶ **Entregas cortas**

Al final de la semana el cliente recibe pequeñas versiones del producto para que el cliente pueda probarlo y sugerir mejoras.

▶ **Metáfora**

Es la estrategia utilizada por el ámbito tecnológico para facilitar la comunicación con el cliente, esto mejora las expectativas y se consigue ahorrar tiempo.

▶ **Código sencillo**

Hay que crear código sencillo, eficiente y que consiga el resultado esperado por el cliente.

▶ **Pruebas unitarias**

Hay que realizar pruebas unitarias para asegurarnos que el código es correcto y devuelve lo que se espera.

▶ **Ritmo sostenible**

El ritmo debe ser de unas 40 horas semanales para que sea un ritmo saludable y mantenible.

▶ **Propiedad colectiva**

Los proyectos desarrollados deben ser accesibles, transparentes y documentados para todo el equipo.

▶ **Programación por parejas**

La programación del código se hace por parejas para una revisión constante y para que el conocimiento de las reglas técnicas y del negocio sea común y así conseguir una igualación del nivel.

▶ **Estandarización del código**

Se debe estandarizar el código para que todo el mundo siga las mismas reglas y no que cada persona genere su estructura de código.

▶ **TDD**

TDD significa Test Driven Development que significa desarrollo dirigido por pruebas lo que significa que no se hace primero el código y luego las pruebas, si no que se crean primero las pruebas y luego se crea el código para que pasen esas pruebas; se hablara de esto en un tema posterior.

- **Refactorización**

  Es un proceso que permite la mejora continua del proyecto haciendo más refinado el código para que se pueda reutilizar, esto se consigue agrupando el código por funcionalidad para reutilizarlo y para generar menos errores y tener menos duplicidad de código.

  Básicamente agrupamos el código por métodos y luego esos métodos forman parte de una funcionalidad.

- **Integración continua**

  Al crear una nueva funcionalidad se debe integrar rápido a la versión actual del producto para que se pruebe y se encuentren los errores rápidamente por eso se suele automatizar todos los procesos y pruebas que se puedan, el proceso de compilación, el proceso de despliegue en un ambiente, las pruebas unitarias, las pruebas de integración, las pruebas funcionales, las pruebas de rendimiento, de seguridad, etc. Todo lo que se pueda automatizar permitirá construir un flujo de **integración continua** que ayuda y mucho en los tiempos de entrega.

  Se hablará de esto en temas posteriores.

- **Despliegue continuo**

  Se tiene que automatizar las pruebas, pero también como hablamos en la sección anterior el despliegue de los **releases** en los distintos ambientes que existan apara el proyecto.

1.3.5 Valores de XP

Existen una serie de valores que son intrínsecos a esta metodología y son los siguientes:

- **Comunicación**

  XP tiene una comunicación constante y continuada con el cliente y sobre todo que sea *cara a cara* para que haya un entendimiento total entre las partes.

- **Simplicidad**

  Hay que mantener el diseño y la funcionalidad lo más fácil de usar que sea posible, priorizar lo que es absolutamente necesario para el proyecto para reducir los costes y el tiempo.

- **Feedback**

  Los comentarios constantes y la retroalimentación son fundamentales para conseguir ajustes precisos y rápidos.

▶ **Coraje**

Estar abierto al cambio, superar fracasos, proponer mejoras y saber decir no es fundamental en XP.

▶ **Respeto**

El trabajo en equipo es fundamental en **XP** y por eso es necesario que los miembros se respeten, colaboren y tengan una buena relación.

1.3.6 Fases en XP

Las fases que hay en la metodología **XP** serian 5 y se pueden ver en la tabla de abajo.

1	Planeación
2	Gestión
3	Diseño
4	Codificación
5	Testing

Planeación

En la fase de planeación ocurren las siguientes actividades y tiene las siguientes características:

▶ Se escriben las **historias de usuario**.
▶ Se planifica el **release** o entregable.
▶ El **release** o entregable debe ser pequeño al ser un **sprint** de una semana.
▶ Se indican los sprints que habrá.
▶ Planificación del incremento en cada **sprint.**

Gestión

▶ En esta fase de gestión ocurren las siguientes actividades y tiene las siguientes características:

▶ Se crea espacio de trabajo abierto.

▶ Ritmo sostenible de las actividades.

▶ Se realizan reuniones diarias.

▶ Mediciones diarias de la velocidad de desarrollo.

▶ Mejoras continuadas del proceso y código.

▶ Flujo de gente continuada para recibir formación y **feedback.**

Diseño

El código debe ser simple es decir debe tener unas características que serían:

▼ Comprobable.

▼ Comprensible.

▼ Navegable.

▼ Explicable.

En ingles las siglas son **TUBE**

En el diseño del código se utilizan las tarjetas.

CRC (clase-responsabilidad-colaboración)

Abajo podemos ver cómo serían estas **tarjetas CRC.**

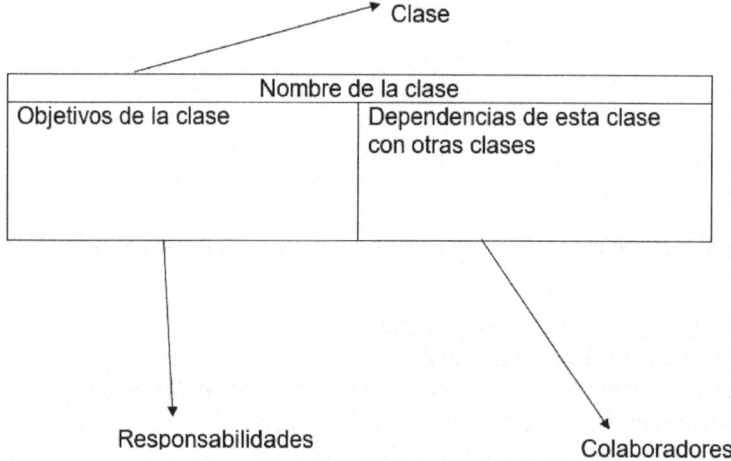

En el diseño hay algo importantísimo y es la **refactorización** para poder reutilizar el código y no duplicarlo ni perder tiempo creando código que ya está creado en otra parte.

Codificando

Se debe codificar en pareja con unos estandartes establecidos de antemano y escribiendo las pruebas primero y luego creando el código e ir refinándolo a través de la refactorización.

Se hablará de esto más en detalle, pero por ahora lo que se debe saber es que la refactorización es mejorar el diseño del código sin cambiar su comportamiento.

Testing

En esta fase se deben cumplir una serie de directrices que las pongo abajo.

▶ Siempre se tienen que realizar **pruebas unitarias** al código.

▶ Las pruebas unitarias son parte del código.

▶ Deben realizarse pruebas de regresión con cada cambio.

▶ Todo el código tiene que pasar todas las pruebas unitarias antes de poder ser desplegado en un ambiente pruebas.

▶ Las **pruebas de aceptación** se realizan en cada nuevo incremento funcional del producto para tener **feedback** del cliente y los comentarios deben ser públicos para que todo el equipo pueda estar al tanto.

▶ Cuando se encuentra un error se hacen pruebas alrededor de ese error para indagar y ver si hay más errores parecidos.

1.3.7 Roles de XP

En XP hay una serie de roles y en la tabla de abajo los voy a comentar, pero lo que hay que saber es que hay 5 roles.

El cliente	El programador	El entrenador	El rastreador	El probador	El pronosticador
Es la persona encargada de crear **Requisitos para software** y establecer prioridades	Es la persona que escribe el código del producto	Es la persona que vigila el trabajo del equipo, lo controla y recomienda mejoras técnicas	Es el encargado de monitorear el progreso del desarrollo del software y detectar problemas	Es quien se encarga de probar el producto, hacer todo tipo de pruebas y crear las **historias de usuario**	Es la persona que rastrea los riesgos del proyecto y advierte al equipo

1.4 ¿CUÁNDO UTILIZAR CADA UNA DE LAS METODOLOGÍAS?

Puedes usar las metodologías en cascada si:

▸ *Si estás trabajando en un proyecto secuencial donde ninguna fase puede comenzar si la anterior no está completa.*

▸ *Quieres controlar el alcance.*

▸ *Quieres una planificación clara y eficaz.*

▸ *Quieres priorizar la planificación.*

▸ *Quieres conocer todo el ciclo de desarrollo antes de comenzar el proyecto.*

▸ *Se prioriza la funcionalidad frente a la entrega.*

Puedes usar las metodologías ágiles en cualquiera de las tres, si:

▸ Quieres un proceso iterativo.

▸ Deseas obtener resultados rápidamente.

▸ Tu equipo trabaja rápido.

▸ Se prioriza en tu proyecto la adaptación a la previsibilidad.

▸ Tus clientes quieren participar activamente.

Puedes utilizar **Kanban** cuando:

▸ *Cuando tu proyecto necesita un sistema de gestión visual.*

▸ *Cuando quieres conocer de manera rápida y visual el estado de un proyecto.*

▸ *Llevas adelante procesos y proyectos de manera continuada.*

▸ *La mayor parte de tu trabajo no se realiza en periodos cortos de tiempo.*

Puedes utilizar **SCRUM** cuando:

▸ *Cuando desarrollas software de manera continuada.*

▸ *Crees que tu equipo puede ser más productivo con reglas y procesos.*

▸ *Tienes mucho trabajo por horas o días.*

▸ *Se tiene que entregar en plazos cortos (1 semana, 2 semanas) de manera rápida y continuada.*

▸ *Existe un SCRUM máster.*

1.5 DIFERENCIAS ENTRE SCRUM Y KANBAN

Las diferencias que hay entre Kanban y Scrum se exponen en la siguiente tabla.

SCRUM	KANBAN	Explicación
Tiene una serie de reglas que hay que cumplir	Se utiliza más para visualizar el trabajo	Muchos equipos implementan SCRUM en tableros KANBAN, pero lo que se está implementando es SCRUM realmente
Tiene un límite de tiempo	Es flexible, no tiene límite de tiempo	SCRUM suele tener ciclos de entrega de 1 o 2 semanas, en KANBAN no hay fecha de inicio ni fin es una entrega continua de tareas
Las columnas de los tableros son de estados	Las columnas pueden mostrar estados u otras características diferentes	En SCRUM el tablero se utiliza para hacer un seguimiento de las tareas y se van pasando entre cada, mientras que en KANBAN las columnas pueden ser de estados o de del trabajo que se ha realizado cada mes o de otras cosas
Tiene roles perfectamente definidos	No tiene roles perfectamente definidos	El SCRUM tenemos el Scrum Master, el Product Owner en Kanban no

1.6 CÓMO COMBINAR SCRUM Y KANBAN

Lo ideal es utilizar los roles, reuniones, planificaciones y artefactos de SCRUM y en el tablero de cada Sprint crear un tablero Kanban con estados y columnas que puedan mostrar más información sobre el Sprint y Sprints anteriores para mejorar la organización y la productividad.

1.7 CÓMO SER ÁGIL SIN SCRUM

Puedes ser ágil, aunque no utilices ni **Kanban**, ni **Scrum** ni **XP** implementando las siguientes prácticas:

1. Crear proyectos pequeños.

2. Designar un encargado del proyecto.

3. Organizar reuniones periódicas al menos una vez por semana.

4. Programar revisiones periódicas, para revisar el trabajo semanal para evitar amontonar errores.

1.8 PROBLEMAS ACTUALES EN LOS EQUIPOS Y EMPRESAS ESPAÑOLAS

Estamos en un mundo globalizado donde la tecnología gobierna el mundo, las redes sociales nos informan y manipulan, ya pocos compran en tiendas la mayoría lo hace a través de tiendas online, casi todos tenemos un móvil al menos y buscamos lo que no sabemos en Google, hasta hacemos amigos y ligamos a través de apps como Tinder o Badoo.

En el tema del desarrollo de software casi todo la innovación viene de China, India, EEUU y Japón, España casi no innova tecnológicamente y las grandes consultoras españolas solo aplican con años de atraso lo que ya es algo habitual en esos 4 países punteros, exigen estudios superiores, postgrados, másteres, certificaciones, hablar inglés y experiencia y que además que acepten ganar 3 veces menos que en otros países como Alemania o Irlanda y se quejan que no hay suficientes ingeniero, ¿quién está dispuesto a estudiar casi 4 años de una ingeniería y luego un master y a tener que certificarse cada 3 años o 2 años de certificaciones por un sueldo ridículo si lo comparamos a otros países con ingenieros tan cualificados como en España?.

Otro problema que veo habitualmente es que no suelen ascender aquellas personas más cualificadas si no los que tiene skills más afines a los jefes, lo que de toda la vida se llamó el amigo del jefe, además no se respeta al ingeniero, en países de Latinoamérica el ingeniero de sistemas es admirado y respetado llamándolo don ingeniero mientras aquí solo es un número más para conseguir proyectos internacionales que cada vez se consiguen menos porque si no mimas al empleado, al empleado no le compensa trabajar en un sector que quema tanto la mente y la salud de las personas, de hecho he visto ocurrir estos problemas:

▼ Empleados que al tener el mismo sueldo siempre no están motivados.

▼ Malas relaciones al haber compañeros que ganan o ascienden simplemente por caer simpático a ciertos jefes.

▼ Empleados aburridos que ya han llegado al máximo puesto que conseguirán.

▼ Gente joven que trabaja haciendo horas extra y con sueldos muy bajos.

Las consultoras españolas deben empezar a atraer a los mejores cerebros de España valorando su carrera, fomentando la creación de academias online donde puedan tener ingresos extra vendiendo su conocimiento mediante cursos o e-books, motivándoles a investigar con fondos de la empresa donde las innovaciones puedan ir a medias para verse acompañados, si no se innova y no se valora a los ingenieros que son los que moverán el mundo junto a los ingenieros de medioambiente las consultoras españolas terminaran teniendo que despedir y posiblemente sucumbir ante la innovación tecnológica.

No se puede conseguir proyectos en base a reducir los costes y aumentar las horas porque eso solo lleva a quemar a los ingenieros, pagarle poco, que no salga con calidad el proyecto y que cada vez haya menos proyectos para las consultoras españolas y menos ingenieros porque hay trabajos que se gana lo mismo sin tener que actualizarse cada dos años.

El modelo de fábrica de software como quien hace un edificio no funciona, un obrero se forma mucho menos y en mucho menos tiempo que un ingeniero, dejemos de pensar con la mentalidad de obrero y empecemos a pensar con la mentalidad de un empresario americano del siglo XXI, tenemos los mejores ingenieros de Europa, porque no pensar en España como la fábrica de software de Europa al igual que la India es la fábrica de software de Inglaterra o EEUU, pensemos en grande.

2

CONCEPTOS FUNDAMENTALES DE LAS METODOLOGÍAS ÁGILES

2.1 ENTORNOS VUCA

Los proyectos **VUCA** son entornos **VUCA** son *volátiles, inciertos, complejos o cambiantes* y *ambiguos.*

Estos entornos son muy comunes en la actualidad al estar los usuarios muy exigentes y queriendo continuas mejoras en las aplicaciones.

La metodología **SCRUM** es ideal para proyectos o aplicaciones que van a sufrir continuos cambios como son los entornos **VUCA.**

2.2 METODOLOGÍAS TRADICIONALES CONTRA METODOLOGÍAS ÁGILES

Según el **PMI** (Project Management Institute) hay dos tipos de metodologías de desarrollo clásico o tradicional y ágil.

Las metodologías tradicionales o ágiles tienen la característica que son secuenciales, es decir, que no se pasa a la siguiente fase hasta que la fase actual no ha finalizado por lo tanto si tenemos que construir por ejemplo una tienda virtual se capturan todos los requerimientos que va a tener la aplicación al principio del proyecto.

Las metodologías tradicionales tienen 5 fases que paso a explicar a continuación.

Fase de requisitos

En esta fase es donde se habla con el cliente y se recogen todos los requerimientos funcionales y no funcionales que se quieren para su software, es muy importante que se entiendan bien sobre todo en una metodología donde solo hasta el final ocurren las pruebas por lo que si hay algún requerimiento ambiguo cuando se hagan las pruebas de aceptación puede no ser lo que quería el cliente y el coste de volver a hacerlo sería enorme porque se tendría que volver a esta fase.

En esta fase hay que tener un plan claro del proyecto donde se indiquen:

▼ *Cada etapa del proceso.*

▼ *Quien trabajará en cada etapa.*

▼ *Las dependencias clave.*

▼ *Los recursos necesarios.*

▼ *Un cronograma donde se detalle cuánto durará cada etapa.*

Fase de análisis

En esta fase es donde se analizan los requerimientos y se determina que hardware se utilizará, qué tecnología y qué lenguaje de programación, cómo serán las interfaces de usuario y también un esqueleto de cómo funcionara el software, los módulos que tendrá y las funciones que tendrá cada módulo y cómo se accederá a la información y dónde se guardará; aquí posiblemente se utilicen **casos de uso** para describir cómo va a actuar el usuario con el sistema basándose en los requerimientos capturados en el paso anterior.

Fase de diseño

En la fase de diseño se definen los **diagramas de clase** para diseñar las clases que contendrán las funciones definidas en el análisis, los **diagramas de entidad-relación** para diseñar las bases de datos y que se guarde ahí la información y se crea la arquitectura para ver cómo se relacionan las **librerías** que contienen las **clases** que serían los **módulos** que contienen las **funciones** que implementan los requerimientos definidos en la fase de requerimientos; es una fase mucho más detallada que la anterior.

Fase de codificación

Utilizando toda la documentación que se creó en la fase de análisis y diseño los desarrolladores comienzan a codificar o programar toda la aplicación siguiendo toda la documentación creada anteriormente por **analistas de desarrollo** en la tecnología y lenguaje de programación definida ya en la fase de análisis.

Fase de pruebas

En esta fase se realizan todo tipo de pruebas funcionales, de rendimiento, de seguridad para encontrar los defectos que existan y corregirlos.

Fase de implantación

Aquí es donde se crea el entregable que se instalará en el ambiente de producción del cliente y donde el cliente realiza sus pruebas de aceptación para dar el visto bueno.

Fase de mantenimiento

Cuando ya el software está funcionando en el ambiente de producción es habitual que se encuentren errores o fallos de seguridad y es cuando se realizan actualizaciones del producto, un ejemplo claro es el **paquete Office de Microsoft** siempre está publicando **parches** o actualizaciones para encontrar errores de la herramienta o actualizaciones de seguridad para vulnerabilidades que se encontraron, también hay otras vulnerabilidades que nadie conoce hasta que un **hacker** las explota y son conocidas como vulnerabilidades **zero day.**

Con respecto a la metodología ágil tenemos 5 fases que son las siguientes.

Fase de requisitos

En esta fase es donde tenemos un montón de requisitos del cliente, esos requisitos son convertidos en historias de usuario.

Fase de priorización

Cuando tenemos todas las historias de usuario para ese incremento funcional que vamos a realizar hablamos con el cliente para saber cuáles son los más importantes para él y priorizamos los más importantes.

Fase de iteración e incremento

Esto sería lo que se denomina **Sprint** y es donde todas las historias de usuario y las tareas que las componen se van implementando dentro del tiempo estimado hasta que se termina todas las historias de usuario en ese **Sprint**, algunas veces por cualquier problema o mala estimación puede quedar alguna historia de usuario o tarea y se pasa al siguiente **Sprint,** aunque no es lo deseable puede pasar.

Fase MPV

Esto no es el mejor jugador de un partido de baloncesto, es producto mínimo viable (**MVP**) es un producto muy básico, con las funcionalidades esenciales y que permite probar la reacción que tiene el cliente, el cliente da un **feedback** al equipo ágil sobre si está correcto o tiene fallos que podrían mejorarse en el siguiente sprint, por ejemplo, un rendimiento no aceptable o un cambio en la interfaz que cuando se ve no gusta.

Fase producción

También se llama **time to market** y es el momento en que ese incremento funcional que se ha hecho ya se utiliza en el trabajo diario del cliente.

Pero este concepto es más complejo porque además de **TTM** significa el momento en que un nuevo incremento funcional de la aplicación se lanza y es utilizado por los usuarios también, significa el tiempo que se tarda en que un producto o servicio salga al mercado y esto amigo mío es muy importante porque cuanto más rápido seas a la hora de sacar un producto sobre todo si es un producto que explotará un nicho nuevo o que creará una revolución tecnológica, antes podrás dominar ese sector.

Acuérdate de **Facebook** fue la primera red social, creó el concepto de red social y aún hoy en día después de 20 años en que **Mark Zuckerberg** creó la primera red social de la historia aún sigue teniendo el monopolio de las redes sociales con más de 2 billones de usuarios.

Es interesante cómo las redes sociales han cambiado el mundo y la manera de relacionarse, eso daría para otro libro, cómo transforman nuestro cerebro, cómo crean formas nuevas de relacionarse y cómo son también generadoras de problemas de salud y de grandes dependencias patológicas.

2.3 DATOS ACTUALES DE LOS PROYECTOS CLÁSICOS Y ÁGILES

Siguiendo los datos de Jin Jonhson del **Standisth Group Chros Report de 2018** podemos sacar los siguientes gráficos que se muestran abajo:

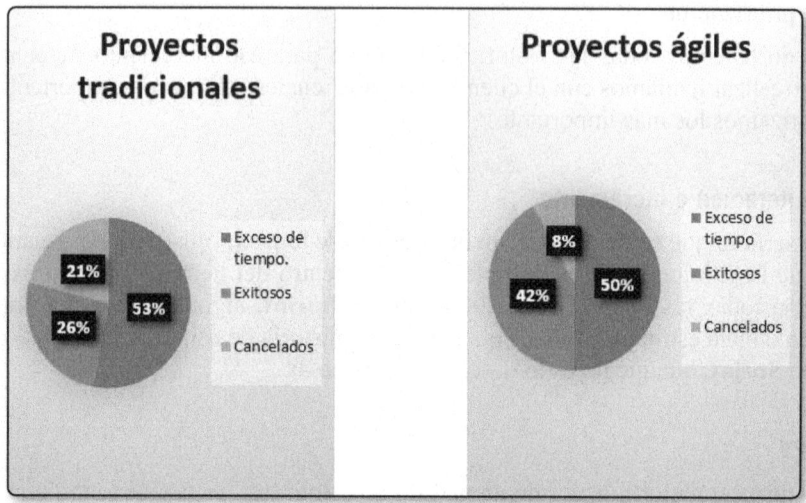

Por el método de desarrollo ágil los proyectos son un 16% más exitosos, es decir que de 100 proyectos 42 serán exitosos y se entregaran en el tiempo estipulado y solo 8 serán cancelados por cuestiones económicas, muchas veces porque cuanto más se exceda en el tiempo de entrega más gastos se tiene y los proyectos suelen tener un dinero asignado y cuando se termina si no está terminado se cancela.

Como se puede observar en los proyectos que se aplica metodología clásica se cancelan un 21% 13% más que los proyectos ágiles y solo son exitosos un 26%.

2.4 FORTALEZAS DE LAS METODOLOGÍAS ÁGILES

Las principales fortalezas de la metodología ágiles son las siguientes:

▼ *Se interactúa continuamente con el cliente, es el actor principal.*

▼ *Acelera el **time to market** o tiempo de salida al mercado consiguiendo una competencia competitiva con la competencia.*

▼ *El **ROI** o retorno de la inversión es más alto que en los proyectos clásicos.*

▼ *Tiene una alta adaptabilidad y se construye una respuesta al cambio más rápido que en proyectos tradicionales.*

2.5 DOCUMENTACIÓN DE LAS METODOLOGÍAS ÁGILES

La documentación en las metodologías ágiles debe tener las siguientes características:

▸ **Mantenible**
Que mantenerla sea fácil y rápido.

▸ **Resumida**
Que se documente las partes más importantes.

▸ **Concisa**
Utilizar palabras exactas y entendibles.

▸ **Necesaria**
Aquellas partes que son necesarias para utilizar el software.

2.6 LA TRANSPARENCIA EN LOS PROYECTOS ÁGILES

Una empresa que quiere utilizar una metodología ágil no solo debe ser transparente en ese proyecto si no la empresa debería ser transparente en su forma de trabajar a todos los niveles sobre todo si quieres que todos sus proyectos lleguen a buen puerto.

Una empresa si quiere ser ágil debería ser transparente lo que significa lo siguiente:

1. *Los proyectos y su contenido deberían ser visibles para todos los empleados que trabajen en ellos no debería haber partes ocultas.*

2. *No debe haber penalizaciones por no terminar tareas.*

3. *La comunicación debe ser directa, clara y respetuosa.*

4. *Los empleados deberían poder hablar con sus superiores sin ningún problema, para eso hay herramientas como **Hangouts** o **Teams**.*

2.7 COLABORACIÓN EN LOS PROYECTOS ÁGILES

Cuando se está utilizando una metodología ágil hay una serie de directrices que se deben cumplir sea cual sea la metodología que se va a utilizar y son las siguientes:

▸ **Autoorganización**
En los proyectos ágiles se permite que los empleados trabajen en lo que les gusta y se les da bien.

▸ **Relación con el cliente**
El cliente es un actor principal, debe definir los requisitos y las prioridades de esos requisitos, pero qué herramientas utilizar, qué framework, qué tecnologías, qué equipo debería ser elegido por la consultora.

▼ **Acuerdos**

Se debe llegar a acuerdos con el cliente que deberían cumplirse dentro de lo posible.

▼ **Trabajo en equipo**

El equipo colabora para conseguir un objetivo, las tareas se asignan de manera aleatoria y si hay un problema se saca entre todos.

▼ **Compromiso**

Las personas de un equipo ágil se deben comprometer con un objetivo.

2.8 EL MANIFIESTO ÁGIL

El objetivo del manifiesto ágil es sentar unas bases que sirvan de guía; está formado por 4 valores y 12 principios, esos 12 principios los trataremos en el tema 8, en este tema solo trataremos los 4 valores fundamentales que existen en el manifiesto ágil.

Primer valor

Las personas son lo más importante, por encima de procesos y herramientas; por ejemplo, si una herramienta no es la adecuada puede provocar que los trabajadores no trabajen adecuadamente por lo tanto los trabajadores están por encima de las herramientas y procesos.

Segundo valor

Lo más importante no es la documentación en ágil si no el incremento funcional que funciona correctamente y que permite ser utilizado por el cliente de manera totalmente operativo.

Tercer valor

Lo fundamental es colaborar con el cliente por encima de lo que se estableció en el contrato, lo importante es que debemos aceptar los cambios, es decir, el contrato puede cambiarse si el cliente necesita cambios.

Cuarto valor

Lo fundamental es generar valor en entornos **VUCA,** un ejemplo fue el **COVID** que hizo que el teletrabajo se implantara de manera general adelantándose 10 años a lo esperado y el trabajo presencial se ha reducido muchísimo; las empresas deben adaptarse por encima del plan estratégico que se tenga.

Si no puedes conseguir un objetivo cambia el plan para que puedas conseguir el objetivo más viable.

2.9 GESTIÓN DE PERSONAS

Uno de los cambios que ha ocurrido hoy en día es el modo en cómo se gestionan las personas que forman parte de un proyecto o de una empresa, el software ya es creado para cualquier país del mundo desde cualquier país del mundo y se ha empezado a hablar del concepto de **Sourcing.**

2.9.1 Sourcing global QA

Sourcing es la actividad de contratar a personas que están localizadas en otros países y que teletrabajan para empresas que están en un país determinado.

Las empresas hacen esto para ahorrar costes porque una empresa de EEUU por ejemplo puede preferir contratar a empleados de España para un proyecto en su país porque el coste de cada ingeniero puede ser 3 veces menor, así que tienen una ganancia tres veces mayor.

Es una práctica que muchas empresas empiezan a realizar, de hecho, podríamos decir que la India es la fábrica de software de Reino Unido.

Eso podía realizarlo también el gobierno de España dando ayudas para estudiar ingenierías, mejorar considerablemente la impartición de clases de inglés en los colegios y universidades no para que se escriba en ingles si no para que se hable en inglés, en países como Argentina sus adolescentes saben hablar inglés perfectamente con 16 años mientras que aquí tienen que aprender inglés en academias porque el nivel de los colegios es ínfimo centrándose en la escritura en vez de hablarlo.

Otra idea es invertir un 1% del PIB en investigación tecnológica porque los países que gobiernan el mundo son precisamente los que más invierten en eso, invertir en investigación científica es bueno pero tarda mucho tiempo en dar sus frutos la investigación tecnológica enfocada en software y hardware tiene un retorno de la inversión mucho más rápido.

2.9.2 Teletrabajo

El **Sourcing global** QA se aceleró en la pandemia por culpa del COVID allá por el 2019 a la vez que el teletrabajo que se implanto a unos niveles que se estimaba que estaría en el 2030.

Hoy en día muchas empresas ofrecen el teletrabajo en un aliciente para contratar a empleados, algunos empleados ya ven como ir a la oficina como un problema.

El teletrabajo tiene cosas buenas para las empresas se ahorra espacio y permite tener oficinas más pequeñas y por lo tanto menos gasto además de todo lo que es gastos de papel o de Internet que muchas no lo pagan en el teletrabajo, también se ahorran ayudas para comida y transporte además que los empleados son más productivos porque al estar solos el cigarro, la comida con los compañeros que se extiende más de la cuenta o el desayuno al final son cosas que gastan de media 2 horas del trabajo en oficina.

Lo anterior son cosas buenas para la empresa, pero cosas buenas para el empleado sería el no tener que desplazarse a la oficina con prisas, gestionar tu tiempo mejor, fuera atascos, comidas malas para la salud, etc.

Algunas cosas malas es la soledad, si eres soltero sin hijos pasaras mucho tiempo solo y a algunas personas que eso no les gusta, también si no eliges bien tu puesto de trabajo en la casa puede ser que no desconectes del trabajo, sueles quedarte más tiempo trabajando de media 30 minutos, tienes que apagar el móvil del trabajo porque puede ser que algún jefe intente mandarte mensajes fuera de hora para trabajos del día siguiente y que hace que no desconectes.

Un ejemplo de puesto de trabajo ideal sería el de abajo:

2.9.3 Ejemplos reales de Sourcing global QA

Caso 1

Relaciones laborales entre España y Centroamérica y Suramérica; se dan por las similitudes culturales y en el idioma.

Empresas españolas que hacen sourcing son Telefónica, Santander, BBVA, Mapfre, Iberia, Vueling.

Se contrata en América latina porque en España el sueldo medio en el sector de QA es 31.000 euros al año y en Argentina es por ejemplo 6.000 euros al año o en Colombia unos 12.000 euros al año.

Como se puede observar las empresas españolas se ahorran **hasta 3 veces más al año** contratando a expertos en esa zona que contratando en España.

Caso 2

Relaciones laborales entre EEUU y Filipinas; se dan por similitudes en el idioma y en la cultura.

Empresas americanas que hacen esto son Accenture, Convergys, IBM, HP, Intel.

Las empresas americanas contratan en Filipinas porque el sueldo medio en New York es de unos 85.000 dólares al año y en Manila de 13.000 dólares al año así que se ahorran casi **8 veces más**.

Caso 3

Relaciones laborales entre Reino Unido e India; se realiza esta relación laboral por la similitud en el lenguaje y la cultura.

Empresas inglesas que realizan Sourcing son HSBC, Standard Chartered Bank, British Airways, Virgin Atlantic.

Las empresas inglesas contratan en la India porque en New Delphi el sueldo medio es de 4.500 libras al año y en Londres 45.000 libras al año así que se ahorran **10 veces más al año.**

2.9.4 Problemas con el Sourcing global QA

El **sourcing** no tiene solo ventajas también tiene inconvenientes y hay que saberlos y en qué porcentaje afectan a los proyectos que utilizan esta práctica que cada vez es más común en un mundo globalizado con localización tan variada y con tantas culturas diferentes.

En el siguiente gráfico podemos ver los problemas más comunes y esos problemas el porcentaje de veces que ocurrieron en proyectos de índole tecnológicos.

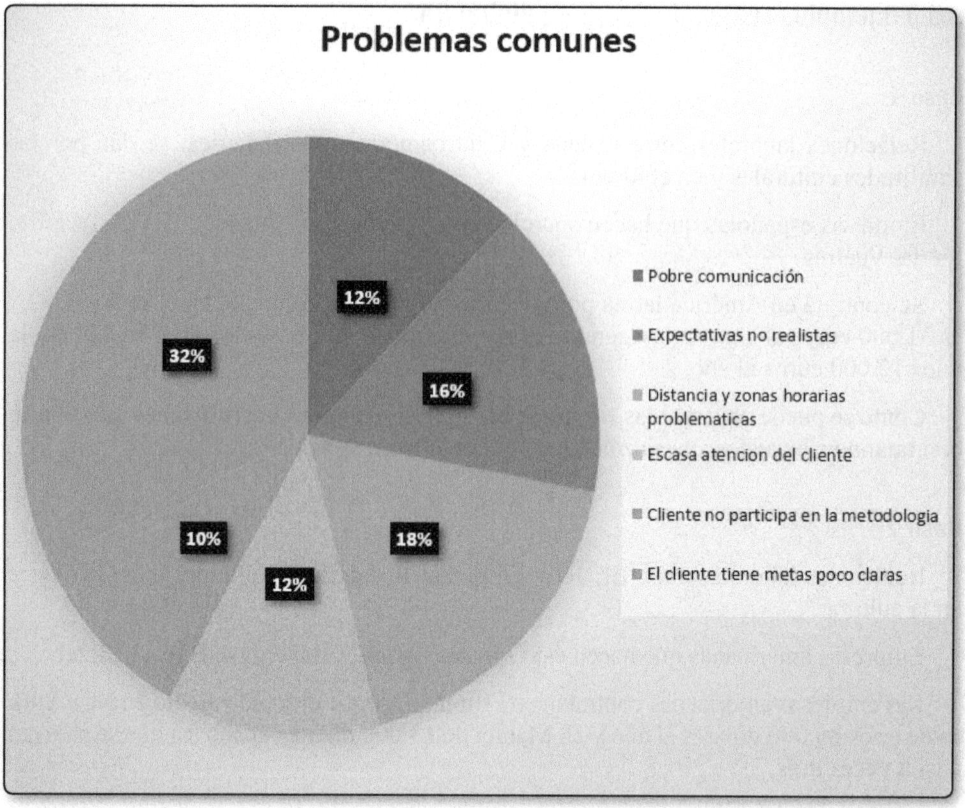

Problemas comunes

- ■ Pobre comunicación
- ■ Expectativas no realistas
- ■ Distancia y zonas horarias problematicas
- ■ Escasa atencion del cliente
- ■ Cliente no participa en la metodologia
- ■ El cliente tiene metas poco claras

12%
32%
16%
10%
18%
12%

2.10 GESTIÓN DE CONFLICTOS EN PROYECTOS ÁGILES

Los conflictos con el cliente aumentan el riesgo de que el proyecto no llegue a realizarse o de que no salga como el cliente espera.

Cuando capturamos los requerimientos del cliente tiene que haber una negociación por lo tanto debe seguirse un **proceso de negociación** para negociar los requerimientos como el de abajo.

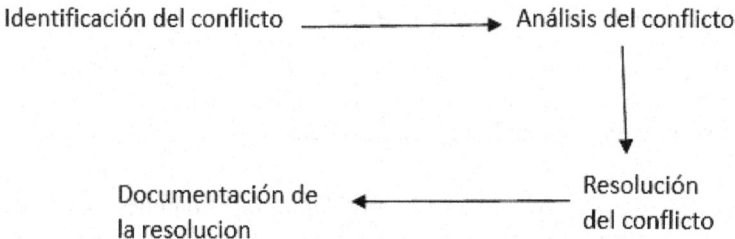

Identificación del conflicto ⟶ Análisis del conflicto

Documentación de la resolucion ← Resolución del conflicto

La ingeniería de requisitos tiene 4 fases:

▼ **Licitación de requerimientos**=*Se capturan los requerimientos del cliente.*

▼ **Validación de requerimientos**=*Se verifican que están correctos los requerimientos capturados.*

▼ **Priorización de requerimientos**=*Se indican cuáles son los más importantes.*

▼ **Propuesta de cambios de requerimientos**=*Se cambian aquellos requerimientos que no pasaron las validaciones.*

En la ingeniería de requisitos pueden aparecer conflictos y los pasos para solucionarlos son los siguientes:

Identificación de conflictos

Durante todas las actividades de la ingeniería de requisitos y en cada fase de desarrollo puede haber conflictos y hay que solucionarlos.

Análisis del conflicto

Un conflicto puede ser de 5 tipos:

▼ **Conflicto en un área**

Esto ocurre cuando un déficit de información, información falsa o diferentes interpretaciones incorrectas.

▼ **Conflicto de intereses**

Es ocurre cuando las partes, generalmente cliente y empresa tienen diferentes intereses.

▼ **Conflicto de valor**

Esto ocurre cuando hay diferencias culturales o de valor.

▼ **Conflicto de relación**

Cuando hay problemas de relaciones personales entre miembros de cliente y empresa.

▼ **Conflicto estructural**

Cuando hay conflictos entre las autoridades.

Resolución del conflicto

Para que exista una resolución tiene que haber un acuerdo entre todos los **stakeholders** del proyecto y que se documente en un documento de la resolución.

Documento de la resolución

Cuando se llega a un acuerdo entre 2 partes se debe crear un documento de ese acuerdo donde se indiquen los acuerdos a los que se llega en esa resolución.

Finalmente hay que comentar que en un conflicto suelen haber 3 fases:

1. *Fase en la que se indican varias soluciones al conflicto.*

2. *Fase en la que se votan a la mejor solución.*

3. *Fase en la que se modifica la mejor solución para que todas las partes estén de acuerdo.*

2.11 NEGOCIACIONES EN PROYECTOS ÁGILES

Cuando estamos empezando un proyecto lo primero que tenemos que hacer es negociar los requerimientos de ese proyecto con el cliente porque eso es una de las cosas más importantes dado que de ahí sale el tiempo que durará y las consultoras cobran por la hora que cuesta un proyecto, por eso esta negociación debería tener 5 partes cuyo objetivo final podría ser.

"Dame lo que quiero y yo te daré lo que quieres".

Primera fase. Fase preparación

"Hay que investigar al cliente y el contexto en que nos moveremos".

Hay que indicar qué nos interesa y el límite en la negociación, es decir, tenemos que saber cuál es la *zona de negociación* y *el límite en la negociación* fuera del cual el proyecto no es rentable.

Segunda fase. Fase de exploración

Promover una discusión constructiva para saber qué quiere el cliente; esto consume el 60% de una negociación.

Tercera fase. Fase de propuestas

Se realiza una oferta para generalmente tantear un poco los límites del cliente, pero antes debes haber investigado bien qué quiere el cliente y qué tengo yo que le interesa e ir investigando sus prioridades.

Cuando se hace una propuesta hay una oferta pero con unas condiciones que tiene que cumplir el cliente.

Hay libros de negociación que recomiendan que sea el cliente quien haga la primera oferta para saber cuál es el límite inferior, generalmente el cliente en una negociación siempre empieza por abajo y tiene un margen de maniobra, lo ideal es ir subiendo por dos razones, la primera para marcar el ritmo de la negociación y segundo para ir tanteando el máximo que tiene el cliente.

Otra opción sería ser tú quien empiece haciendo una propuesta económica por arriba siempre de lo que esperas recibir pero hay que calibrar mucho porque si es demasiado alto puede ser que se rompa la negociación, esto es bueno cuando ya conocemos al cliente y sabemos su máximo y por alguna razón nos interesa sacar un poco más, porque sabemos que es algo que necesita muchísimo, porque sabemos que tiene superávit, épocas de vacaciones donde la gente está más por despilfarrar sobre todo si no es suyo, ja,já,ja.

Cuarta Fase. Fase de intercambio

Ambos interlocutores realizan propuestas, siempre miran lo mejor para cada uno.

Quinta fase. Fase de acuerdo

Cuando ambas partes, en este caso el cliente y la consultora, llegan a un acuerdo, lo ideal es que ambos ganen, el acuerdo se tiene que hacer por escrito para evitar malentendidos; en un proyecto solo se tiene que cumplir lo que este puesto en el acuerdo.

Los clientes muchas veces intentan aprovecharse de los subcontratados sobre todo si están en aquellas empresas que no aportan valor y que solo contratan a empleados para meterlos en un proyecto de un cliente y no tienen proyectos propios y ya hay alguna que son simples ETT donde son contratados para trabajar en una empresa que a su vez tiene un proyecto para otra empresa, es lo que se conoce como subcontratos; esto es muy habitual en España, no aportan nada, básicamente muchas veces ni conoces a la empresa que te contrata directamente, se están quedando con parte de su sueldo, si en el mercado tu puesto se paga a 40.000 euros anuales ellos solo te pagan 31.000 euros anuales y aun encima ni recibes formación, ni puedes coger los días cuando quieres y además muchas veces la indemnización tienes que esperar que te la dé la empresa que te subcontrata cuando te despiden o se termina el contrato; estas ETT, que hay cientos en España, son un cáncer para los empleados, no aportan nada, no tienes seguridad en el empleo y te tratan como un trozo de carne porque cuando se termina el contrato no te aguantan ni 1 mes.

Por último comentar que muchas veces los proyectos se negocian para un tiempo y unas horas y muchas veces ocurre que se tienen que hacer horas extra porque para conseguir el proyecto el coste se baja al máximo y se tiene que hacer en un tiempo récord, esas horas extra no se pagan y además se supone que debes hacerlas o a la calle.

Consejos para el acuerdo

▼ *Hay que realizar paradas en las negociaciones porque esto permite que puedas descansar, realizar consultas, también puedes estar cansado y por lo tanto vulnerable y no negociar correctamente.*

▼ *Evitar entrar en ciclos de machos alfa, yo tengo 2 argumentos, pues yo tres, esto solo lleva a negociaciones poco provechosas.*

▼ *No realizar concesiones a no ser que se gane algo y se debe poner en el acuerdo por escrito y firmado por ambas partes.*

▼ *No deberíamos responder a preguntas con mala fe para no parecer que nos estamos justificando.*

Las negociaciones y los acuerdos a los que lleguemos son muy importantes porque pueden tener validez por meses o años por lo tanto debe leerse muy bien el acuerdo porque luego será muy difícil cambiar ese documento y puede haber verdaderos problemas para la empresa.

En un proyecto donde estuve la empresa era la encargada de actualizar el laboratorio, de inicio no parecía tener importancia pero cuando la empresa cliente entro en crisis cada vez eran más las exigencias y menos los ingresos y se hizo muy complicado actualizar el laboratorio de pruebas y las licencias del software llevando a las pruebas a ser cada vez más incompletas hasta que los errores en producción generaban perdidas enormes al cliente, miren bien lo que firman, piensen a largo plazo no solo a corto, los gerentes de proyectos y de cuentas de las consultoras tecnológicas.

3

CONCEPTOS FUNDAMENTALES DE SCRUM

3.1 HISTORIA DE SCRUM

Para entender la base de SCRUM y en qué se basaron para crear esta metodología de desarrollo ágil hay que hablar de productividad **JIT**, **Lean Manufacturing** y **Manifiesto Ágil**.

Toyota Production System o producción justo a tiempo (**JIT**) es una de las bases de SCRUM; se implantó en Japón durante la segunda guerra mundial para optimizar los tiempos de la cadena de montaje.

Hirotaka Takeuchi y *Ikujiro Nonaka* crearon el artículo "*The new producto developement game*" en *Harvard Business Review* en 1986 y fue donde se utilizó por primera vez la palabra **SCRUM**.

Lean manufacturing se enfoca en mejorar la productividad eliminando los residuos o aquello que no sirve, fue una técnica que se utilizaba en la fabricación de productos a finales de los 80 y que fue una técnica que ayudo a los creadores de SCRUM a crear la guía además de JIT y el manifiesto ágil del que hablare a continuación.

El manifiesto ágil, que es la base de metodologías ágiles como SCRUM o Kanban, se firmó el 2001 en Utah; tiene su propia página web que es *www.agilemanifiesto.org* donde se puede ver los 12 principios del manifiesto ágil y los firmantes.

Los creadores de **SCRUM** son *Jeff Sutherland* y *Ken Shwaber*, ellos son los que se encargaron de desarrollar la guía de **SCRUM**; las dos últimas guías son la de *2017* y la del *2020* pero la primera guía que existió parece que es del *1992* pero no era la oficial, la primera guía oficial se crea el *2010*.

3.2 CICLO ODDA

Este ciclo fue creado por el coronel de EEUU Jhon Boyd y lo utilizaban muchos de los pilotos de la armada americana, el ciclo es el siguiente:

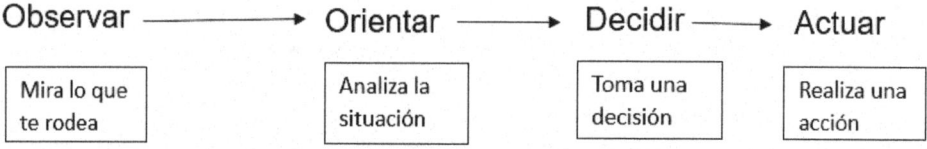

Este ciclo se utiliza muchas veces cuando se están realizando tareas en los proyectos que utilizan **SCRUM**.

3.3 LOS 12 PRINCIPIOS DEL MANIFIESTO ÁGIL

El objetivo del manifiesto ágil es sentar unas bases que sirvan de guía; está formado por 4 valores y 12 principios, los 4 valores, ya hablamos de ello ahora hablaremos de los 12 principios del manifiesto ágil.

Primer principio

"Nuestra principal prioridad es satisfacer al cliente a través de la entrega temprana y continua de software con valor".

En este primer principio se habla de la **satisfacción del cliente** y como la entrega pronta y frecuente de software valiosa ayuda a esa satisfacción y a conseguir un retorno de la inversión más rápido.

Por otra parte, en entornos **VUCA** si la entrega de software se demora demasiado no satisfará la demanda de los clientes. Los clientes cada vez demandan cambios más rápidos y no están dispuestos a esperar.

El que los clientes reciban entregas frecuentes y más rápidas hace que reciban valor que están pagando antes y más rápido. Al entregar más rápido y con más frecuente también los desarrolladores del producto reciben feedback más rápido y más continuamente lo que hace que los problemas más severos aparezcan al principio y se puedan solucionar.

Segundo principio

"Aceptamos que los requisitos cambien, incluso en etapas tardías del desarrollo. Los procesos ágiles aprovechan el cambio para proporcionar una ventaja competitiva al cliente".

Las metodologías ágiles aprovechan el cambio para generar una ventaja competitiva al cliente al sacar un producto mejor y antes que la competencia, además en este principio se dice que se aceptan modificaciones en los requisitos incluso en las últimas fases de un proyecto. Los cambios con las metodologías clásicas solo conllevan que el alcance y los costes aumenten, pero con SCRUM los cambios realmente favorecen al cliente al conseguir aumentar mucho el valor del producto.

El aceptar los cambios puede dar al cliente una ventaja competitiva porque a día de hoy puede haber cambios muy rápidos en un segmento de mercado y si esos cambios no se aplican rápidamente al producto puede ser que se pierda mucho nicho de mercado, por ejemplo, la competencia de una empresa saca un cambio que revoluciona el sector rápidamente tendría que hacer un cambio igual o mejor para no perder su posición en el mercado.

Tercer principio

"Entrega software funcional frecuentemente, desde cada dos semanas hasta cada dos meses, con preferencia al periodo de tiempo más corto posible".

Este principio hace hincapié en la entrega de software continuamente del primer principio, de hecho, se refiere a entregar actualizaciones del software más pequeñas cada poco tiempo.

Estas entregas más pequeñas reducen el tiempo de planificación y la posibilidad de que se encuentren errores, además cuantas más entregas pequeñas más **feedback** continuo del cliente y evita que luego haya cambios más grandes.

Esto se da mucho en la actualidad, hay empresas como Amazon que hacen cambios cada día y generan **releases** diarios.

Cuarto principio

*"Los responsables del negocio (**producto owner**) y los **desarrolladores** deben trabajar juntos de forma cotidiana durante todo el proyecto".*

Este principio propone eliminar las barreras existentes entre el equipo de negocio y los desarrolladores del producto, para mejorar la colaboración y la comprensión mutua lo que hará que se consigan mejores resultados.

Esta manera de trabajar intenta que haya un feedback diario entre estos dos equipos, utilizando un lenguaje lo más natural posible como puede ser las **historias de usuario** y consiguiendo que se den cuenta que sus intereses en el fondo son los mismos, conseguir una mejora continua del producto.

Quinto principio

"Construir proyectos en torno a individuos motivados. Hay que darles el entorno y el apoyo que necesitan y confiar en ellos para la ejecución del trabajo".

Hay que darles el entorno y el apoyo que necesitan para motivar a los desarrolladores del producto.

Hay que conseguir que el equipo pueda crear un producto de calidad por sí mismos, para eso es importante que participen en las decisiones del proyecto para motivarlos y que se sientan identificados con los objetivos de la organización, también se conseguirá más compromiso del equipo y sentirán que son importantes en el proyecto lo que hará que se sientan mejor y den el máximo de sí mismos.

Sexto principio

"El método más eficiente y efectivo de comunicar información al equipo es la conversación cara a cara".

De todas las formas de comunicación la cara a cara es la más efectiva, reduce los tiempos de respuesta y los malentendidos.

Hoy en día debido a una pandemia que aceleró la implantación del teletrabajo es muy habitual que muchos equipos estén en zonas geográficas distintas y se realice el teletrabajo o trabajo en remoto.

Para eso hay tecnologías y herramientas como Teams, Hangouts o Zoom que permiten que se realicen reuniones remotas mediante videoconferencias que son mucho más rápido que interminables charlas por chat o por correo, pero siempre hay que crear un documento con los pactos a los que se llegó en la reunión para que no haya problemas posteriores.

Séptimo principio

"El software funcionando es la primera medida de progreso".

La única manera de que una empresa o cliente sepa el progreso de un producto es que lo pueda probar y utilizar, de nada sirve que se añadan miles de líneas de código, se añadan nuevas funciones se solucionen errores si el cliente no puede utilizarlo y no satisface las necesidades del cliente. El software tiene que funcionar, debe cumplir las necesidades del cliente y debe ser entregado al cliente para que genere valor y realmente se vea el progreso.

Octavo principio

"Los procesos ágiles promueven el desarrollo sostenible. Los promotores, desarrolladores y usuarios deben ser capaces de mantener un ritmo constante de forma indefinida".

Este principio habla que se tiene que trabajar de una manera optimizada en la que todos los miembros del equipo son capaces de entregar un incremento del producto o nuevas funcionalidades del producto que sean útiles, pero sin que el equipo se estrese o se sobrecargue, deben seguir un ritmo de trabajo que sea soportable en el tiempo y que a medio o largo plazo no genere una baja productividad.

También puede ocurrir que el ritmo de entrega sea tan bueno que se entreguen nuevas funcionalidades demasiado pronto y los usuarios se estresen por todo lo que tienen que aprender, en ese caso o se reduce la entrega o hay que capacitarlos continuamente, pero esto debería decidirse en función de las necesidades del sector en que esta la empresa u organización.

Noveno principio

"La atención continua a la excelencia técnica y al buen diseño mejora la agilidad".

Cuidar los aspectos técnicos del código cuando se está desarrollando un producto aporta agilidad a corto, medio y largo plazo. Esto de inicio no se ve, pero cuando se tenga que ir actualizando el código si se ha hecho un buen diseño y tiene un código limpio y reutilizable será más fácil.

El usuario final a corto plazo no lo ve, pero a medio y largo plazo sí, el código es malo y el diseño también terminara afectando a la velocidad, a los tiempos de entrega y a la capacidad de mejorar el producto cuando nuevas necesidades vayan ocurriendo, esto está muy relacionado con la **deuda técnica** algo de lo que hablaremos más adelante.

Décimo principio

"La simplicidad, o el arte de maximizar la cantidad de trabajo no realizado, es esencial".

Este principio habla de que actuemos de la forma más sencilla posible. El cliente no paga por el esfuerzo realizado paga para que se satisfagan sus necesidades, para que se entregue una solución que atienda a sus necesidades.

Formas de evitar trabajo extra sería automatizar tareas manuales, eliminar procesos innecesarios y utilizar librerías y API's.

Se debe gastar las horas del equipo en acciones que realmente aporten valor.

Onceavo principio

"Las mejores arquitecturas, requisitos y diseños emergen de equipos autoorganizados".

Este principio habla que a los equipos a los que se da confianza y libertad son los que consiguen los mejores resultados.

Es fundamental tener un equipo motivado, autoorganizado y que no esté excesivamente controlado porque eso puede evitar que sea creativo y tenga miedo a dar opiniones; para eso es fundamental gente motivada, que vea el proyecto como una oportunidad para crecer y que estén a gusto con ambiente, sueldo y crecimiento profesional.

Doceavo principio

"A intervalos regulares, el equipo reflexiona sobre cómo ser más eficaz para, a continuación, ajustar y perfeccionar su comportamiento en consecuencia".

Este último principio hace referencia a la mejora continua. Los equipos deben estar revisando continuamente su trabajo para ajustarlo, perfeccionarlo y mejorar su rendimiento.

Este concepto es fundamental, esto es lo que hace que personas, equipos y organizaciones consigan el éxito, mejorando continuamente y no siendo conformistas.

3.4 REQUISITOS PARA APLICAR SCRUM. PROBLEMAS AL APLICAR

3.4.1 Requisitos para aplicar

Para que la implementación de SCRUM se haga correctamente en una organización debe de realizarse una serie de cambios que son los siguientes.

Cambiar la cultura de la empresa

Si se va a aplicar **SCRUM** la organización debe estar sincronizada con la filosofía de **SCRUM** y con el **manifiesto ágil,** esta filosofía no tiene que estar solo en el proyecto si no en la organización al completo.

Un equipo de **SCRUM** debe ser autoorganizado, debe poder cometer errores para poder aprender de ellos, debe poder tomar la iniciativa y proponer mejoras a la dirección y que sean escuchadas.

Una organización que utilice **SCRUM** debe permitir que sus equipos empapen a la empresa de una mejora continua y de una inclinación al cambio porque solo así puede estar en la vanguardia de un sector tan cambiante y competitivo como el tecnológico.

Y como opinión mía toda empresa tecnología o no tecnológica debería tener una comunicación disruptiva, es decir, analizar el mercado y diferenciarse del resto no para competir por el trozo de pastel si no para crear un trozo de pastel nuevo que solo sea para esa empresa, es muy importante adelantarse a las necesidades que aún no se tienen pero que quizás en 3 o 4 años si se tendrán y si ya tenemos una solución el primero que llega es el primero en dominar el mercado.

Compromiso del cliente

El cliente debe comprometerse a dejarse guiar por la empresa que desarrolla el producto, debe ser un desarrollo sostenible en el tiempo y que lo que se entregue al cliente el MVP (producto mínimo viable) sea útil para el cliente, lo que realmente necesita.

Si el cliente quiero un coche de gasolina y que el coste de transporte sea barato y pueda moverse por el centro de Madrid hay que decir no al cliente por mucho que quiera eso porque la mejor opción es un coche eléctrico porque será más barato y además podrá entrar en el centro de Madrid.

El cliente debe comprometerse a aceptar consejos que realmente le proporcionen lo que necesita más que lo que quiere.

Compromiso de la dirección de la organización

La dirección de la empresa debe entender que los problemas deben solucionarse rápido por muy complejos que sean y tiene que ayudar a agilizar esos impedimentos que puedan ocurrir.

También debe entender que en un equipo SCRUM todos los miembros de ese equipo están en distintos roles, pero a un mismo nivel jerárquico, por lo tanto, si el gerente forma parte del equipo debe eliminar el concepto de jefe porque en estos equipos hay una **jerarquía horizontal** y esto debe entenderlo la empresa.

Compromiso del equipo

El equipo debe comprometerse a erradicar algunos comportamientos como los siguientes:

▶ *Suele haber problemas de egos en los equipos y puede hacer que no haya buena colaboración.*

▶ *Los errores no deben esconderse en un equipo porque esos errores sirven para aprender, no se deben criticar los errores si no aprender de ellos.*

▶ *Los equipos tienen que dar importancia a todos por igual por eso debe haber roles multidisciplinarios, donde haya un experto en QA, un experto en desarrollo, distintos expertos y también gente con poca experiencia; no es bueno que un equipo dependa de 1 o 2 personas.*

▶ *Hay que controlar a las personas autoritarias, van en contra de SCRUM y de un grupo donde el conocimiento y la colaboración fluyan, alguien así solo genera conflicto con sus ansias de ser jefe.*

Relación Win-Win

Debe haber una relación de mutuo beneficio entre el cliente y la empresa que desarrolle el producto, debe haber una total transparencia y una colaboración entre ambos, porque los dos quieren lo mismo un producto exitoso, el cliente para coger cuota de mercado el desarrollador para mostrar el producto como un caso de éxito.

Facilidad de cambio

La organización y la estructura del proyecto deben ser de tal manera que los cambios puedan ser rápidos y fáciles de realizar y sin errores.

Tamaño del equipo

El tamaño del equipo no puede superar las 10 personas, debería tener menos de 10 personas porque las **Daily** no pueden superar los 15 minutos, para que cada miembro tenga al menos un minuto para poder hablar.

En un proyecto grande se pueden tener varios equipos de 4 o 5 personas donde cada uno trabaja sobre un módulo, por ejemplo.

Facilidad de comunicación

Debemos poder comentar problemas con nuestros compañeros e incluso recomendar mejoras.

El **Scrum Máster** debe ser el facilitador, debe escuchar los problemas de los compañeros, comentar mejores formas de trabajar y escuchar críticas que le comenten sus compañeros.

Si el **Scrum Máster** es autoritario la gente no hablará y esconderá los problemas, pero al final se verán y solo se conseguirá no ser ágiles.

El objetivo es que el **Scrum Máster** sea accesible para mejorar el proceso de desarrollo.

Dedicación del equipo

El equipo debería trabajar en un proyecto a la vez y no en varios para evitar una baja productividad, aunque es algo que no siempre ocurre, pero **SCRUM** recomienda que el equipo este en un solo proyecto.

También **SCRUM** recomienda que el **Scrum Máster** este solo en un solo proyecto, pero debido a los pocos expertos que hay y a su coste suela estar en varios.

Estabilidad de miembros

Se debe tener los mismos miembros en un equipo **SCRUM,** pero esto no suele ocurrir, los mejores rotar entre distintos equipos y el problema es que hay un proceso de adaptación y si tienes un equipo de 4 y entran otros 4 lo normal es que se reduzca a la mitad la velocidad porque cada uno tendrá que enseñar a otro y esto baja muchísimo la productividad en los primeros meses hasta que los nuevos sean autónomos.

Entrega de productos y servicios

Hay que entregar un **MVP**, producto mínimo viable al final de cada **Sprint** y si aceptamos todos los cambios del cliente vamos a estar entregando prototipos continuamente y lo que conseguiremos es que nunca se entregue una versión del producto que pueda ser utilizada en producción por el cliente.

Por eso algunas veces hay que decir no al cliente para poner entregar un **MVP** al cliente que sea lo que quiere el cliente, en el plazo acordado y en el coste acordado.

Alienación con el manifiesto

El **Scrum Máster** no debe asignar tareas ese no es su función y debe seguir el manifiesto ágil que se puede aplicar en cualquier industria y sector

3.4.2 Problemas al implementar

Al implementar SCRUM podemos encontrarnos con distintos problemas, algunos de ellos son los siguientes.

Prototipos eternos

En cada **Sprint** hay que entregar un **MVP**, el problema es que si aceptamos todos los cambios que nos diga el cliente puede provocar que estemos siempre con eternos prototipos.

Un **MVP** tiene que ser funcional y totalmente útil, una pequeña parte del producto final que tendremos después de muchos **Sprints**.

Un producto nunca se terminara en el sentido que siempre se va estar añadiendo funciones y mejoras continuamente, el cliente puede tener una idea del producto que quiere y va tener tales funciones pero el mercado te obliga a estar continuamente agregando nuevas funciones y mejorando esas funciones pero el problema no es ese es no entregar nunca algo que no pueda ser utilizado de manera funcional por el cliente por eso hay que realizar cambios pero si eso conlleva no entregar en el tiempo pactado, esos cambios deberán esperar al siguiente **Sprint**.

Errores de gestión

Los jefes no suelen querer equipos autoorganizados, al final el Scrum Máster suele ser el gerente y actúa de manera autoritaria lo que provoca que la creatividad y la autogestión no se cumplan.

Lo ideal es que el **Scrum Máster** sea una persona distinta al gerente para que se centre en las funciones de este rol.

También puede ocurrir que tengamos un proyecto grande con varios equipos donde cada equipo tiene un **Scrum Master** y puede ocurrir que haya choques o peleas entre estos roles u otros roles iguales por eso es importante colaborar y delimitar bien las responsabilidades de cada uno.

Priorización errónea

Muchas veces ocurre que a lo largo de un **Sprint** el equipo no se centra en funciones que aporten valor de verdad al cliente y también se pierde mucho tiempo dando prioridad a reuniones de las que no se saca nada en claro.

Las reuniones deben ser rápidas, con un tiempo determinado y donde se deben cumplir los objetivos de la reunión.

Abajo pongo una gráfica estimando un poco en que se gasta el tiempo en los proyectos.

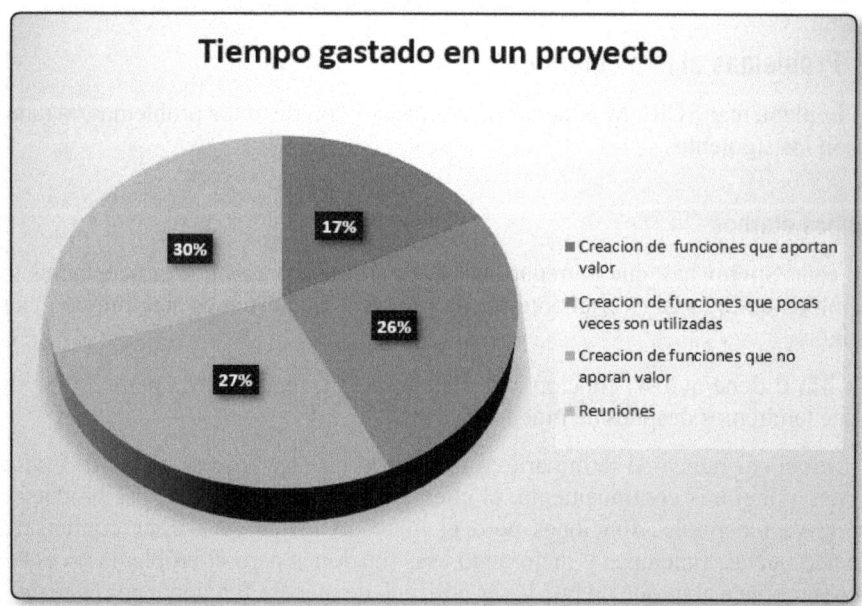

Como se puede observar solo un 17% del tiempo se gasta en crear funciones que aportan valor de verdad al cliente.

3.5 ARTEFACTOS

Scrum es una metodología de desarrollo, pero también es un proceso que está compuesto de artefactos, en la imagen de abajo podemos ver ese flujo o proceso y algunos de esos artefactos que iremos explicando en las siguientes secciones, es muy importante que los entiendas porque es el núcleo de esta metodología.

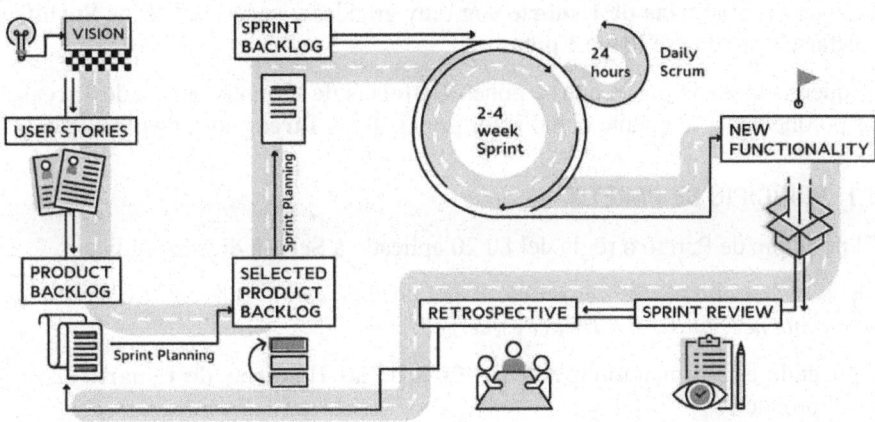

3.5.1 Product Backlog. Principio de Pareto. Técnicas de priorización

En español significa pila de productos. Este artefacto tiene que ser **Deep** que son siglas que significan que debe ser *detallado adecuadamente, estimado, emergente y priorizado*.

- **Detallado adecuadamente**= Tiene que estar detallado todas las tareas que se van a realizar en el **Product Backlog** *o* **PB**.

- **Estimado**= Cada ítem del *PB debe tener* un tiempo estimado para realizarla.

- **Emergente o adaptativo**= Debe poder adaptarse a las necesidades del cliente y del mercado.

- **Priorizado** = Debe tener los ítems con más prioridad delante de los demás.

La persona que va a crear y mantener el *PB es el PO o* **Product Owner**. Cualquier persona puede agregar ítems al *PB,* pero solo el *PO* es quien definirá si esos elementos se quedan definitivamente o no, él tiene la última palabra y además es quien decidirá en que puesto estará en el *PB* que determinará su prioridad.

En definitiva, el *PB* es un artefacto de Scrum y es una lista de cosas que nosotros tenemos que realizar para construir el producto y que debe cumplir con los principios de *Deep*.

Esta lista de cosas que están el *PB* y que tenemos que realizar se llaman **Product Backlog Item** o **PBI.**

Estos PBI pueden ser **Épicas, Historias de Usuario o Tareas**. Lo ideal es utilizar **Historias de Usuario** como *PBI* y el desglose de estas **Historias de Usuario** o HU son las **Tareas**.

Cuando las **Historias de Usuario** son muy grandes y necesitan varios **Sprints** para completarse es lo que se llama **Épicas.**

Si queréis la razón por la que se ponen **Historias de Usuario** en vez de **Tareas** en el *PB* es porque poner al cliente como actor principal *la*s **Tareas** no son entendibles por él.

3.5.1.1 PRINCIPIO DE PARETO

El principio de Pareto o regla del 80/20 aplicado a **Scrum** dice lo siguiente:

"El 80% del entregable del proyecto se consigue con el 20% del esfuerzo y que el 20% restante necesitará el 80% del esfuerzo".

Aplicando este principio en el *PB* el 20% de las **Historias de Usuario** *crearan el* 80% del producto.

Las historias de usuarios que debemos realizar primero en el PB son aquellas que más valor tienen, por lo tanto, la prioridad debe basarse en el valor de la HU, las que más valor tengan serán las que más prioridad tengan y por lo tanto la suma de ellas debería ser el 20% del valor total del *PB* y por lo tanto del producto.

Se entenderá mejor con un ejemplo; supongamos que queremos crear una pequeña aplicación que está formada por 5 HU con unos valores determinados, veremos cómo podemos aplicar el principio de Pareto.

HU	Valor	Prioridad
A	10	1
B	8	2
C	2	3
D	2	4
E	1	5
23		

El valor total del producto es 23 puntos, si realizamos las HU, A y B, tendremos 23 puntos que *es el 80%* o más del producto *y es lo* que más prioridad tiene *y según el principio es lo que* nos llevara el 20% del esfuerzo.

La mejor manera de medir el esfuerzo de una *HU* u otros ítems es mediante puntos porque las horas son subjetivas, depende de cada persona y no todos tardan igual.

El principio de Pareto es una técnica de priorización en la siguiente sección hablaremos de más técnicas de priorización.

3.5.1.2 TÉCNICAS DE PRIORIZACIÓN

Las técnicas de priorización del *PB* son 3:

▼ *Técnica Moscow.*
▼ *Técnica Kano.*
▼ *Técnica por ROI.*

Técnica Moscow

Esta técnica necesita la ayuda del cliente o del *PO porque se tiene que elegir las* HU que se *tienen que hacer, las que deberías hacerse, las que podrían hacerse y las que ahora no, pero podrían hacerse más adelante* y esto está en un orden descendente de prioridad, lo más prioritario a lo menos prioritario.

¿Cómo se haría esto?, pues haciendo en los primeros Sprints lo que *debe hacerse* y luego lo demás.

Técnica Kano

Esta técnica se basa mucho en la satisfacción del cliente, cuanto más satisfecho esta mejor es el producto, más calidad tiene y más se vende o eso es en teoría.

Tiene una serie de calificaciones para cada función de un producto que podría representarse cada función por una serie de HU's que sería función atractiva, inversa, indiferente, requerida y unidimensional.

▼ **Atractiva**= Funcionalidad que hace que un producto sea deseado.

▼ **Inversa**= Es una funcionalidad que puede gustar a muchos clientes, pero a otros no.

▼ **Indiferente**= Funcionalidad que al cliente le da igual si la funcionalidad está en el producto o no.

▼ **Requerida**= Funcionalidad que tiene que estar porque el cliente lo da por sentado si no esta puede perder valor en el mercado.

▼ **Unidimensional**= Funcionalidad que si no está el cliente puede sentirse decepcionado.

Técnica por ROI

En esta técnica el ROI viene dado por la siguiente formula.

ROI= Valor del cliente /Esfuerzo= Valor total

En esta técnica es fundamental la opinión del cliente que es transmitida por el *PO* o **Product Owner.**

Abajo podemos ver una tabla con un ejemplo de esta técnica.

HU	Valor del cliente	Esfuerzo	Valor Total	Prioridad
A	8	4	2	3
B	10	3	3,33	2
C	3	7	0,4	4
D	2	6	0.3	5
E	9	1	9	1

- ⚑ A= Diseño web.
- ⚑ B= Usabilidad.
- ⚑ C= Creación del código.
- ⚑ D= Creación de base de datos.
- ⚑ E= Creación de manuales.

Como ejemplo del esfuerzo y valor que le da el cliente, el diseño de una web el esfuerzo podría decirse que es bajo y el valor que le da el cliente pude ser alto por temas de marketing digital.

3.5.2 Historias de Usuario

Las historias de Usuario también llamadas HU son los ítems que se deberían utilizar en el **Product Backlog**, en el tema 9 hablaremos más de esto, pero de inicio *comentar* que es un artefacto de Scrum y que permiten *describir* la funcionalidad que quiere *el cliente de una* manera que sea entendible por todos, su forma sería así:

> **Como** [perfil], quiero [objetivo del software], **para lograr** [resultado del software]

Un ejemplo seria:

> **Como** comprador **quiero** buscar un **producto para lograr** ver su información en detalle.

3.5.3 Sprint Backlog

Los ciclos de trabajo se denominan **Sprints** en **Scrum**, las **Historias de Usuario** que permiten realizar un producto están en el **Product Backlog** así que el **Sprint Backlog** sería coger un conjunto de esas **Historias de Usuario** y meterlas en un **Sprint** que sería un **Sprint Backlog** que tendrá un **Sprint Goal** *que será el* objetivo de ese Sprint.

Este **Sprint Backlog** tiene que crear un incremento útil *y* la suma de todos los **Sprints Backlog** de un proyecto debería dar **el *Product Backlog*** de ese proyecto que no sería más que el producto.

3.5.4 Sprint Goal

El **Sprint Goal** es el objetivo de ese **Sprint**, el objetivo tiene que ser **SMART** especifico, medible, alcanzable, relevante y limitado en el tiempo (en el tiempo del Sprint claro).

▶ **Relevante**= Un incremento que sea útil.

▶ **Alcanzable**= Debe ser alcanzable si no solo va a generar desanimo, estrés y frustración.

▶ **Medible**= Se tiene que poder medir este objetivo sino no sirve de nada.

▶ **Especifico**= Objetivo claro y conciso y que genere valor y eso solo se consigue siendo algo útil.

El **Sprint Goal** actual debe contener los objetivos anteriores y la suma de todos los **Sprint Goal** de un proyecto debería dar el resultado del **Product Goal.**

Por último, comentar que los **Stakeholders** deberían estar en las reuniones para determinar el objetivo del **Sprint Goal.**

3.5.5 Incremento

El incremento es lo que se produce cada vez que termina un *Sprint* tiene que ser un incremento útil, que genere valor para el cliente.

Las características de un incremento tienen que ser las siguientes:

▶ *Debe acercarte al **Product Goal**.*
▶ *Debe aportar valor, ser útil.*
▶ *Debe ser funcional.*
▶ *Tiene que cumplir el **DoD** o definición de hecho.*

El incremento se presenta al cliente al final del Sprint para su aprobación.

Como ejemplo podemos hablar de la creación de un coche que es un producto que se crea en 6 *Sprints*.

▼ *Sprint 1 Base del coche Incremento 1*

▼ *Sprint 2 Ruedas del coche Incremento 1+ Incremento 2*

▼ *Sprint 3 Asientos, tapicería, maletero, volante Incremento 1+Incremento 2+Incremento 3*

▼ *Sprint 4 Ventanas del coche, cristal de atrás y adelante Incremento 1+Incremento 2+Incremento 3+Incremento 4*

▼ *Sprint 5 Pintura del coche parabrisas Incremento 1+Incremento 2+Incremento 3+Incremento 4+Incremento 5*

▼ *Sprint 6 Motor, frenos, airbag, ordenador inteligente, radio y todos los extras de alta gama Incremento 1+Incremento 2+Incremento 3+Incremento 4+Incremento 5+Incremento 6*

3.5.6 Workflow

Workflow o flujo de trabajo debe basarse en las necesidades del cliente, deben implementarlo los miembros del equipo Scrum y no miembros de fuera.

Las características del **Workflow** son las siguientes:

▼ *Definido por el equipo.*
▼ *Aceptado por el cliente.*
▼ *Objetivo claro.*
▼ *Compromiso aceptado.*

Otro concepto importante es el de **WIP** o Work *in Progress*, que significa trabajo en progreso y tiene que ser limitado, claro y visible.

3.5.7 DoR

DoR son las siglas de Definition of Ready o definición de listo.

Cada *PBI* o **Producto Backlog Item** debe pasarse por el filtro del **DoD** o definición de listo.

Esta definición debe ser un acuerdo del equipo Scrum, por ejemplo, en la sección anterior sería que la base del coche esté preparada para empezar a meter todos los componentes que se necesiten para conectar todas partes de un coche.

El **DoD** debe crearse como dijimos por el equipo Scrum, debe de estar de acuerdo el equipo y sirve para definir cuando una tarea del **PB** esta lista pare realizarse, abajo pongo dos ejemplos para que se entienda mejor.

En definitiva, **DoD** es cuando una tarea del **Product Backlog** está lista para empezar a trabajar, supongamos que necesito automatizar una funcionalidad de una aplicación web pues el **DoD** es cuando esa funcionalidad está desarrollada y está desplegada en el ambiente de desarrollo para poder realizar las pruebas manuales y automatizadas.

3.5.8 Criterios de aceptación

Los criterios de aceptación deberían aplicarse siempre con las historias de usuario.

Son una serie de requisitos que tienen que cumplir las *historias de usuario* para estar bien definidas, nos permiten definir el alcance y el límite de las *historias de usuario.*

En el tema 9 nos extenderemos mucho más en las *historias de usuario* y *criterios de aceptación* ya que son fundamentales.

3.5.9 DoD

El **DoD** o definición de hecho define cuando una *PBI* está terminada (como sabemos pueden ser épicas, historias de usuario o tareas).

Los desarrolladores del producto, **Scrum Master** y **Product Owner** son los que definen cuando una tarea, historia de usuario o épica está terminada.

Para que por ejemplo una historia de usuario esté terminada tiene que estar de acuerdo el equipo de Scrum y ha cumplido los criterios de aceptación, si no cumple con los criterios de aceptación no se puede entregar en ese **Sprint.**

El **DoD** debe hacerse en cada **Sprint** nuevo más estricto para cumplir con los criterios de mejora continua.

No todas las historias de usuario deben tener el mismo **DoD** porque algunas veces tienen particularidades.

Los *criterios de aceptación* los debería hacer el **Product Owner** que es quien tiene más conocimiento del negocio y el producto, pero los **DoD** los hacen los desarrolladores del producto.

Cuando hablamos de la creación de un coche en la sección 8.4.5 el **DoR** del Sprint 1 sería que la base del coche esté preparada para meter todos los componentes de los *Sprints* siguientes.

3.5.10 Sprint Burndown Chart

Este artefacto es muy importante porque es una gráfica que nos muestra el trabajo pendiente para el sprint actual. En el eje X tenemos el tiempo que suele ser en días y en el eje Y tenemos el trabajo pendiente que puede ser en puntos lo más habitual o en historias de usuario.

Al principio del Sprint tenemos el punto más alto y debería ir disminuyendo hasta alcanzar cero al final del Sprint después de haber realizado todos los puntos a los que se comprometió el equipo.

Algo bueno es que se vea esta grafica en las *Dailys* para ver la velocidad diaria pero es algo que no se suele realizar aunque sería recomendable.

Existen distintos **Burndow Chart** en función del momento del equipo Scrum.

En la gráfica de abajo se puede ver como actuaría un equipo nuevo que no está entregando de manera continua.

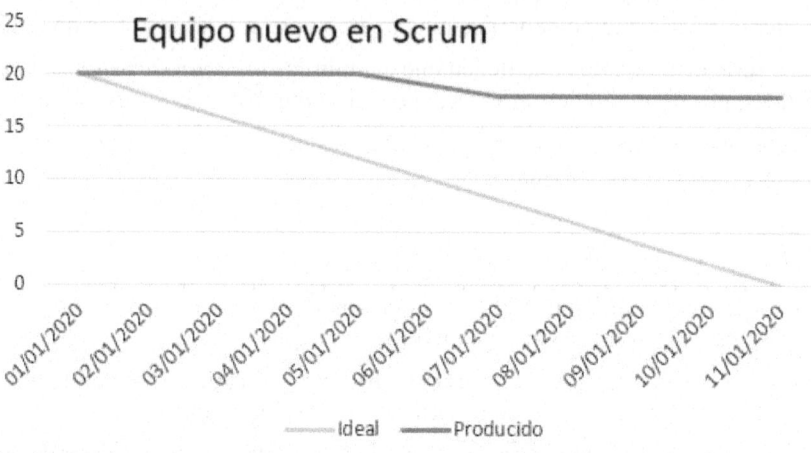

Si encontramos escalones en la gráfica suele ser porque se entregan elementos grandes como podría ser una historia de usuario muy grande que debería dividirse para conseguir el compromiso de puntos. También vemos que la entrega de puntos en un momento está por debajo de la entrega ideal eso significa que el equipo en esos días iba muy rápido, a una **velocidad más alta que la ideal.**

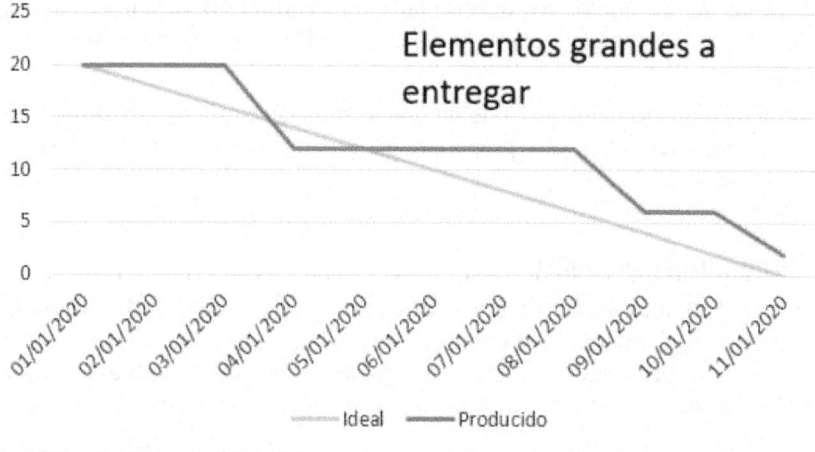

Por último, comentar que algunas veces en el Sprint actual que sería el **Sprint Backlog** el **Product Owner** decide que se añade una nueva historia de usuario por ejemplo y eso provoca que el equipo no cumpla con el compromiso de ese Sprint, esto es algo que no debería hacerse.

Estas graficas nos permiten ver el trabajo que es capaz de realizar el equipo en cada Sprint, si el equipo se compromete a realizar 25 puntos en 2 semanas que podía ser un Sprint típico y no es capaz de hacer más de 20 puntos no se debe extender la duración a 3 semanas nunca, se debe bajar el compromiso a 20 puntos esto es lo que recomienda la guía de Scrum.

3.5.11 Release Burndown Chart

Esta grafica sirve para saber qué tan cerca esta de salir al mercado el producto.

Esta grafica es muy importante porque nos permite saber si estamos estimando bien, si vamos a entregar a tiempo, si las vacaciones o las bajas nos afectan nuestro rendimiento y debemos realizar otras extra.

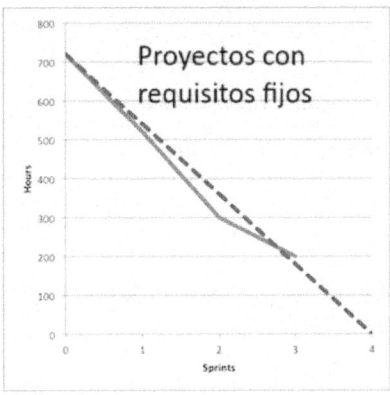

En esta grafica de **Release Burndown Chart** podemos ver que un producto necesita 700 horas y 4 Sprints para terminarse, la línea roja discontinua es la velocidad ideal y la azul es la velocidad real del equipo, como está por debajo vamos a una velocidad mejor que la ideal, así que está trabajando muy bien.

Estas graficas son ideales para proyectos con requisitos fijos.

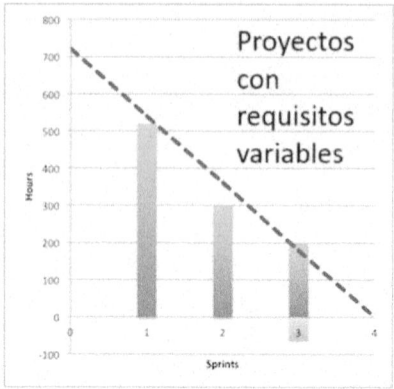

Esta es una gráfica de barras ideal para proyectos con requisitos variables, aquí la barra verde indica que se han agregado 60 horas de tarea y se puede ver que el esfuerzo gastado es de 300 a 200 que serían 100 horas realmente del esfuerzo, aunque en realidad el equipo ha trabajado 160 horas, pero el esfuerzo por el grafico es solo de 100.

3.6 ROLES

En el scrum team o **equipo de Scrum** hay sobre todo 4 roles principales, **Scrum Máster, Product Owner, desarrolladores** del producto y **Stakeholders.**

El equipo de Scrum debe tener las siguientes características

1. *10 personas o menos.*

2. *Debe ser el responsable de crear el producto.*

3. *No debe haber jerarquías, ni jefes ni subequipos.*

4. *Debe ser multidisciplinar (distintos roles).*

5. *Debe ser autoorganizado.*

6. *Debe ser autónomo.*

7. *Debe ser empoderado.*

Lo que hay que tener claro es que el **Scrum Master** no es el jefe del equipo, es el que ayuda a aplicar correctamente **Scrum**.

Los desarrolladores pueden ser programadores, testers, diseñadores web todos aquellos que ayuden a crear el producto.

En una empresa que se dedique a crear una app o que ofrezca un servicio por ejemplo no necesitas un gerente realmente con un **Scrum Master** y un **Product Owner** te llegaría.

A continuación, explicare todos los roles que hay en *Scrum* y sus características y funciones.

3.6.1 Scrum Master

La persona que tenga este rol no es necesario que sea un experto en tecnología sólo debe ser un experto en Scrum, pero es el líder del equipo Scrum.

El objetivo más importante que tiene que cumplir el Scrum Master es que se cumplan los principios y valores de Scrum en el proyecto.

Las características que debería tener un **Scrum Master** serían las siguientes:

1. *Experimentar con ideas disruptivas e innovadoras.*

2. *Cuestionar a distintos roles incluso al gerente si viera que su enfoque es erróneo.*

3. *Defender al equipo siempre.*

4. *Debe ser un canal de comunicación entre* **Stakeholders**, *el equipo y la empresa u organización.*

5. *Está a cargo de las métricas que más se utilicen.*

Las actividades que este rol tendría que realizar serían las siguientes:

- ▶ *Velar por que se cumplan las prácticas de Scrum y del manifiesto agile.*

- ▶ *Ayudar a los compañeros del equipo en problemas que tengan.*

- ▶ *Fomentar transparencia, colaboración, investigación y adaptación.*

- ▶ *Liderar al equipo y conseguir una mejora continua.*

- ▶ *Crear reuniones para mejorar productividad y mejores prácticas tanto técnicas como no técnicas.*

- ▶ *Conseguir que el equipo este siempre motivado y feliz en su rol.*

- ▶ *Implementar un pensamiento de mejora continua.*

- ▶ *Eliminar impedimentos de los compañeros en su trabajo diario.*

- ▶ *Crear un ambiente de colaboración donde no haya competitividad y si hay mal ambiente conseguir un buen ambiente.*

El **Scrum Master** también tiene que velar porque el gerente o la dirección no ordenen tareas que no tienen que ver con su rol y proteger que la dirección no ataque al equipo o haya un ambiente de tiranía porque eso va en contra de los principios de Scrum.

3.6.2 Desarrolladores. Perfiles en T

Son los encargados de crear el producto y al igual que el **Scrum Master** forman parte del **Equipo Scrum.**

Sus actividades son las siguientes:

▶ Ser transparentes para revelar sus habilidades, limitaciones y estimaciones; si un desarrollador es capaz de hacer 5 puntos por Sprint más que el resto de compañeros debería decirlo.

▶ Deben ayudar al PO o **Product Owner** en el refinamiento del **Product Backlog.**

▶ Deben desarrollar cada **Product Backlog Item.**

▶ Definir las estimaciones de las tareas para aplicar correctamente la velocidad.

▶ Crear un incremento que cumpla el **DoD.**

▶ Crear el **Sprint Backlog.**

Con respecto a la métrica de la velocidad de un **Sprint** no es el **Scrum Master** quien la define, al final es el equipo, si el **Scrum Master se** compromete con el cliente a hacer 30 puntos cada **Sprint,** pero el equipo solo hace 25 puntos y lo hace estando estresado y con un ambiente malo entonces el Scrum Master tendrá que hablar con el cliente y decirle que para mantener un ritmo mantenible y saludable a largo plazo la velocidad debería ser de 20 puntos por Sprint.

Los desarrolladores deben poner el foco en los objetivos de:

▶ *Crear incremento útil.*
▶ *Convertirse en un equipo de alto rendimiento.*
▶ *Colaborar con los **stakeholders** en la autogestión.*

Los desarrolladores son los que al final crean un producto, su estado anímico, su compromiso, su motivación y su creatividad al final determinaran muchas veces si un proyecto sale adelante y si un producto tiene la máxima calidad, no son números ni recursos son personas y mientras la **IA** no pueda sustituir totalmente a las personas, el estado y bienestar de los miembros de una empresa tecnológica debería ser lo más importante para una empresa.

3.6.2.1 PERFILES EN T

Los perfiles en T son perfiles senior con mucha experiencia y conocimiento y que además tienen conocimiento de distintos roles, por ejemplo un **tester** debería tener conocimientos de programación para las pruebas automatizadas, conocimientos de analista para diseñar las historias de usuario, de **DevOps** para saber utilizar herramientas como Jenkins, Badoo Docker; son roles que cada día más el sector demanda.

Hay un rol que será muy importante que es el arquitecto de automatización que es quien se encargara de integrar todo tipo de pruebas y procesos para tener todo automatizado, es muy importante porque tendrá que tener conocimiento de todo y cada vez es más importante la rapidez de las pruebas y que se realicen todo tipo de pruebas antes de entregarlas.

3.6.3 Producto owner

El **Product Owner** o propietario o también podemos llamarle a partir de ahora **PO** del producto es quien se encarga de decir qué se tiene que desarrollar, suele ser una persona del cliente porque es quien más conocimiento tiene de lo que quiere el cliente.

Sus características son:

- *Es el encargado del **PB** o **Product Backlog,** pero algo que tiene que quedar claro es que no es el jefe de los desarrolladores, ellos son los que deciden el trabajo que harán en cada **Sprint**.*
- *El **PO** no puede modificar el tamaño del **Sprint** él solo, tiene que contar con el resto del **Equipo Scrum** y el **Product Goal** lo suelo proponer el **PO,** pero es el **Equipo Scrum** quien tiene que desarrollarlo.*
- *Es la voz de los **Stakeholders** y quien gestiona el **PB** y el **PBI** o **Product Backlog Item;** es quien tiene más conocimiento del producto, de lo que quiere el cliente y del sector donde saldrá el producto si es para un uso en un mercado determinado.*
- *Es quien tiene que resolver dudas a los desarrolladores y el que define el objetivo del Sprint.*
- *Debe dedicar el 50% del tiempo a los **Stakeholders** y el otro 50% a los desarrolladores.*
- *Debe tener la máxima autoridad en cuanto a fechas de entrega.*
- *Debe maximizar el **ROI** o retorno de la inversión y el valor creado por el **Scrum Team** o **ST** o **Equipo Scrum.***

En definitiva, es el **PO** quien define el **Product Goal** o **PG** y puede ser ayudado por el **Scrum Máster** y el resto del equipo.

El **PO** no debería tener muchos conocimientos técnicos, pero sí conocer bien el producto que quiere el cliente y el mercado donde va a ser comercializado.

Al final hay que comentar que el **PO** es el responsable de crear los siguientes artefactos:

- ▶ *Release Plan.*
- ▶ *Release Map.*
- ▶ *Realease Burndown Chart.*
- ▶ *Release BurnUP Chart.*

3.6.4 Stakeholders

Son los interesados en el producto, podíamos decir que hay de dos tipos:

- ▶ Stakeholders

  Es el principal interesado en el producto y es la principal fuente de validación, es quien nos puede orientar más claramente y es el dueño del negocio, es quien necesita que se le solucione un problema.

- ▶ Shareholders

  Es el accionista del producto, es quien pone el dinero o parte de el para poder crear el producto o servicio.

Es importante conocer la relación que hay entre los **stakeholders** y el resto de los roles del proyecto, abajo se puede ver una gráfica de las distintas relaciones.

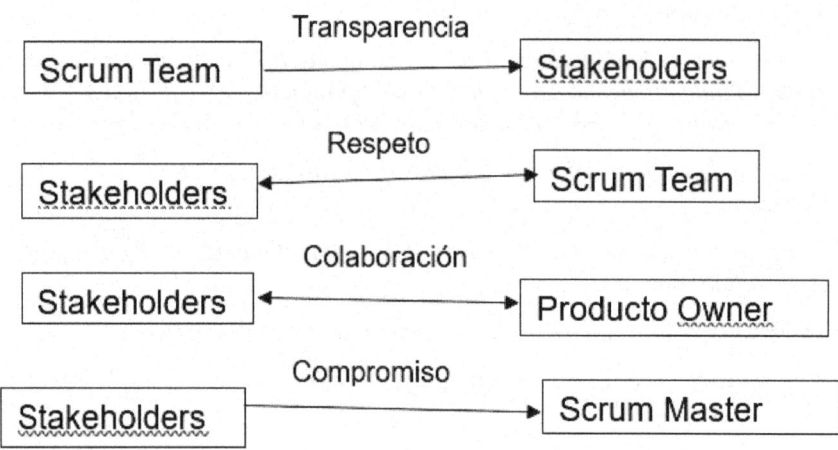

Este gráfico de arriba básicamente comenta que los **Stakeholders**:

▼ *Deben resolver impedimentos que les informe el **Scrum Máster** de ahí el compromiso.*

▼ *Deben estar dispuestos a escuchar al **Scrum Máster** y a comprometerse con la mejora continuada realizando el gasto oportuno.*

▼ *Deben comprometerse a realizar los cambios y organizaciones necesarios.*

3.7 EVENTOS

"Los eventos de Scrum son bloques de tiempo de una duración máxima que tienen por finalidad crear regularidad y consistencia, con el fin de evitar la necesidad de reuniones innecesarias que solo entorpecen los procesos".

Solo hay 5 eventos porque se quiere tener el mínimo número de procesos para tener un control correcto de los mismos.

Los 5 eventos que existen en Scrum son:

1. *Sprint.*
2. *Sprint Planning.*
3. *Daily Scrum (reuniones diarias).*
4. *Sprint Review (revisión el Sprint).*
5. *Retrospectiva del Sprint.*

Antes de empezar a hablar de cada una de las reuniones y de que se habla en cada una de ellas tengo que hablar de un concepto muy importante porque define el tiempo que tiene que tener cada reunión y es muy importante porque ya hablamos que el 30% del tiempo de un proyecto se pierde en reuniones por no marcar bien cuanto tiempo deben durar, este concepto es el de **Timeboxing.**

3.7.1 TimeBoxing

El **Timeboxing** es una técnica para establecer el tiempo máximo de una reunión en Scrum.

En las **Daily** el tiempo máximo es de 15 minutos por lo que habrá que dividir ese tiempo entre los participantes, si somos 8 participantes no puede participar más de 1 minuto 45 segundos cada miembro a no ser que haya miembros que puedan contar lo que necesiten en mucho menos tiempo porque hay un problema urgente que uno de los miembros tiene, pero se debería resolver en una reunión posterior.

El **Timeboxing** tiene que cumplir con estos 4 principios:

1. *Objetivos claros en las reuniones.*

2. *Los tiempos y recursos fijos, pero el alcance variable.*

3. *No se cambia el tiempo de las reuniones ni de los Sprints, si el equipo se compromete a 25 puntos y no llega el compromiso se pasa a 20 puntos.*

4. *El equipo es autosuficiente para que pueda resolver los problemas por ellos mismos y gestionar las bajas.*

3.7.2 Sprint

El Sprint es el periodo de tiempo en que se realizan los incrementos útiles y de valor del producto.

El sprint debe tener como máximo 4 semanas o un mes.

Todos los Sprints dentro de un proyecto deberían tener el mismo tamaño, si se eligen 2 semanas debe de ser de 2 semanas todo el proyecto por lo que hay que elegir bien el proyecto y ver cuál es la duración adecuada.

Las 5 reuniones deben de estar dentro del Sprint, en cuanto termina un Sprint debe de empezar el siguiente inmediatamente, no hay tiempo entre Sprints.

En Sprint debe cumplir las siguientes reglas:

▶ *No se puede añadir **Items** que puedan perjudicar el **Sprint** Goal u objetivo de Sprint.*

▶ *El alcance del Sprint lo tiene que negociar el **PO** no puede imponerlo.*

▶ *El Sprint puede cancelarse si el **Sprint Goal** y el **Sprint Backlog** quedan obsoletos, por ejemplo se quería una app para un bar y al final es para una cervecería internacional.*

▶ *Solo el **Product Owner** puede cancelar el Sprint si el objetivo de este ha cambiado.*

3.7.3 Sprint Planning. Refinent

Este evento marca el inicio del Sprint y se establece el trabajo que se va a realizar. En esta reunión deben estar el **PO**, el **Scrum Master** y los desarrolladores del producto.

En esta reunión o evento se definen los **Product Backlog Item** que van a formar parte del Sprint y que como bien sabemos pueden ser *épicas, historias de usuario o tareas*.

En esta reunión el PO y los **desarrolladores** negocian el **Sprint Backlog** que van a realizar.

A este evento o reunión pueden ir los **invitados** que pueden ser los vendedores del producto, por ejemplo.

En cuanto al **Timeboxing** de esta reunión depende del tamaño del Sprint, si el Sprint es de un mes será de 8 horas, si es de 3 semanas 6 horas 2 semanas 4 horas y si es de 1 semana 2 horas.

En el **Sprint Planning** debemos ver valor que entregaremos, lo que haremos en el **Sprint** y cómo lo haremos, pero a un alto nivel; debemos definir el **Sprint Goal** u objetivo del Sprint.

Los desarrolladores eligen el **PBI** y planifican el trabajo para crear incrementos que cumplan con el **DoD** y refinan el **PBI** que forma parte del Sprint Backlog.

De lo que se habla en el **Sprint *Planning*** es:

▼ *Incremento del Sprint anterior.*
▼ *Velocidad del equipo.*
▼ *Duración del Sprint.*
▼ *PBI acorde al **DoR.***

De esta reunión se debe sacar el Sprint Backlog definido, Sprint Goal y el **Kaizen** prioritario.

El Kaizen define lo que se puede mejorar de manera prioritaria.

El objetivo del **Sprint Goal** es orientar al equipo, explicar porque se realiza este Sprint y permite que se tenga flexibilidad en el alcance.

El objetivo del Sprint se puede definir de dos maneras, la primera con el **Priority Driven** y la segunda con el **Demo Driven.**

El **Priority Driven** se basa en elegir los PBI que tengan más prioridad y ese será nuestro objetivo para el Sprint mientras que el **Demo Driven** es que elijamos qué queremos realizar en este Sprint por ejemplo si tengo una tienda virtual o módulo de usuarios donde se loguea el usuario, se registra, se modifica sus datos, se cambia contraseña se mira sus pedidos se dice si se suscribe al boletín, etc., en función de este objetivo se eligen los PBI que permitirán crear ese objetivo y mostrar esa demo o MVP al cliente.

La diferencia es que uno solo crea los PBI con más prioridad en este Sprint y el otro la funcionalidad que interese en ese Sprint, la primera quizás haga que de inicio el producto este un poco desorganizado si los PBI no son del mismo modulo.

3.7.3.1 REFINENT

El refinamiento puede pertenecer al **Sprint Planning** o ser un proceso continuo.

En esta reunión tiene que estar el *PO, Scrum Master* o *desarrolladores, los stakeholders* es opcional que estén en esta reunión.

Esta reunión puede pertenecer al **Sprint Planning**, hacerla un poco antes que la planning o hacerla todos los días unos minutos.

El **Timeboxing** no debe sobrepasar el 10% del *Sprint*, es decir el refinamiento no puede suponer más del 10% del tiempo del *Sprint*.

En el refinamiento se realizan sobre todo estas actividades:

▼ *Los desarrolladores realizan consultas y resuelven dudas.*

▼ *Los PO y Stakeholders resuelven dudas a los desarrolladores.*

▼ *De detectan posibles riesgos o problemas que puede haber como bajas por vacaciones.*

▼ *Se realiza la detección la necesidad de colaboración entre otros departamentos que necesiten su ayuda.*

3.7.4 Daily Scrum

Es una reunión que debe tener una duración de 15 minutos como máximo y debe ser todos los días laborales, el tiempo tiene que ser fijo y se determina en función de los componentes del grupo de **Scrum,** pero suele ser 15 minutos independientemente del número de componentes, pero no puede superar ese tiempo nunca.

Esta reunión debe ser a la misma hora y no debería cambiarse la hora, debe empezar a la hora, aunque no estén todos los miembros en la reunión.

Es obligatorio que estén los *desarrolladores,* pero el **Scrum Master** y *PO* es opcional y la hora la deciden los desarrolladores por ser los que están obligados a asistir.

El *Scrum Master* y *PO* no es obligatorio que estén, pero deben estar a disposición de los desarrolladores siempre.

En esta reunión cada miembro del equipo debe indicar qué tareas hizo el día anterior, lo que va a hacer hoy y los problemas o impedimentos que tuvo.

En algunas empresas la **Daily** se hace por la tarde, no es obligatorio hacerlo por la mañana, aunque si recomendable.

Hay empresas que hacen que la **Daily** dure hasta una hora, pero no es eficiente al final se pierde más tiempo que otra cosa.

3.7.5 Sprint Review

Es la revisión del Sprint, en esta reunión le damos al cliente un **MVP** para que el cliente nos dé su *feedback.*

Si el Sprint fue de 4 semanas la reunión dura 4 horas, si es de 3 semanas 3 horas, 2 semanas 2 horas y 1 una semana 1 hora.

Este **MVP** que entregamos tiene que ser funcional, un incremento con respecto al Sprint anterior y útil.

Esta reunión tiene los siguientes objetivos:

1. *Obtener reacción y comentarios del cliente para orientarnos y mejorar.*

2. *Hay que crear Review atractivo para mostrar el potencial del producto.*

3. *Se decide si se continuara con el desarrollo del producto o no.*

Lo que hay que tener en cuanta con el **MVP** o producto parcial que se entrega es que tiene el incremento funcional de este *Sprint* y de todos los *Sprints* anteriores, un análisis de la *velocidad* y un **Product Backlog** actualizado a todo lo que se ha construido ya del producto.

3.7.6 Sprint Retrospective

En esta reunión tienen que participar el **Scrum Máster** que es quien organiza la reunión y los *desarrolladores* el *PO* no es obligatorio que asista.

En esta reunión se realizan las siguientes actividades:

▼ *El objetivo es cómo el equipo puede mejorar y trabajar mejor.*

▼ *Debe ser como máximo una reunión de 3 horas para un Sprint de un mes, para un Sprint de 3 semanas 2 horas y 15 minutos y así sucesivamente.*

▼ *El equipo muestra los objetivos que se cumplieron del Sprint anterior.*

▼ *Veremos qué hicimos bien y qué se puede mejorar.*

▼ *Nos comprometemos a una serie de objetivos que se tienen que cumplir en el siguiente Sprint.*

▼ *Se muestra nuestra velocidad en el Sprint y la que se esperaba.*

De esta reunión sale el Kaizen prioritario, el plan de acción que tenemos y posibles mejoras y debe ser liderada por el Scrum Máster.

La retrospectiva tiene 5 fases:

1. *Preparar el escenario.*

2. *Recolectar datos.*

3. *Crear insights.*

4. *Problemas más importantes que resolver, máximo 3.*

5. *Cierre de retrospectiva y se cierra el sprint y se pasa al siguiente.*

3.8 ESTIMACIONES RELATIVAS Y SUS TÉCNICAS

Tan importante como saber los elementos del **Product Backlog** y su prioridad es saber cuánto tiempo tardaremos en realizar una **Historia de Usuario** y el tiempo que tardaremos en realizar las *Tareas* en que se divide una **Historia de Usuario**.

La estimación puede ser absoluta y relativa; en las estimaciones absolutas se dan tiempos y fechas que puede ser que no se cumplan.

Para planificar las actividades y las fechas de entrega se utiliza el **diagrama de Gantt,** pero este diagrama es para proyectos clásicos en los proyectos de tipo **VUCA** se necesitan utilizar metodologías ágiles y se utilizan estimaciones relativas.

Un ejemplo de diagrama de Gantt sería el de la tabla de abajo.

Actividades	Fechas					
	Abril		Mayo		Junio	
	01-15	16-30	01-15	16-30	01-15	16-30
Toma de requisitos	X					
Análisis de diseño		X				
Desarrollo			X			
Testeo				X		
Ventas					X	X

La estimación relativa es la mejor estimación para metodologías ágiles, es una estimación que se basa en los recursos que tienes.

En las metodologías ágiles quien estima la tarea es quien va a hacer la tarea, porque es quien la ha hecho un montón de veces y sabe cuánto puede tardar, lo podría hacer el **Project Manager,** pero no sería tan exacta.

Las técnicas relativas para estimar *tareas* e *Historias de Usuario* son estimación por tallas, estimación por **Planning Poker** y estimación individual.

La *estimación individual* la comenté antes, se asignan las tareas a los miembros del equipo y cada miembro les da una estimación a sus tareas en función de su experiencia personal si ya la hizo anteriormente y en función de otros miembros que ya la hicieron si es la primera vez; esta técnica es la más utilizada en la vida real o es la que yo vi en varias empresas y se da una estimación en horas.

La *estimación por tallas* se basa en imaginarse que las tareas son camisetas con 5 tallas: **XS S M L XL**

XS es la talla más pequeña y XL la más grande.

La estimación se tiene que hacer entre todos los miembros del equipo, porque se tiene que coger el conocimiento de todos.

Por ejemplo, supongamos que queremos hacer un desplegable para coger todas las marcas de una tienda virtual para el diseñador, eso es una tarea que de esfuerzo sería **S**, pero un programador web tendría que hacer las funciones en el **backend** comunicar con la base datos hacer consultas y devolver la información en **JSON** por ejemplo y para él sería bastante esfuerzo y podría decir que es una talla **L** con lo que la estimación final podía ser una **M** si hiciéramos la media.

Por todo esto es tan importante que la estimación se haga entre todos los miembros del equipo.

La estimación por **Planning Poker** se basa en suponer que tenemos unas cartas con los **números de Fibonacci.**

1, 2, 3, 5,8 y 13

En el equipo cada uno cogería una carta con un valor para poner el esfuerzo de una *Tarea*, si el miembro tiene mucha experiencia la tarea le daría un esfuerzo bajo y si tiene poca experiencia un valor alto, así que cada uno de los miembros del equipo le daría un esfuerzo a esa *Tarea y la* **media** *sería el esfuerzo o coste de la tarea.*

Media= Suma de valores de carta Dividido por Número de cartas

La media sería el esfuerzo o coste de esa tarea si el esfuerzo da con números decimales como por ejemplo 5.4 se elige 5 y si es 5.6 se elige 6.

3.9 MÉTRICAS DE SCRUM. TIPOS

Las métricas en Scrum son fundamentales para saber la velocidad del equipo, la deuda técnica, estado psicológico del equipo y tiene una serie de reglas que son las siguientes:

- ▶ *No se puede comparar los equipos.*
- ▶ *No se puede estandarizar.*
- ▶ *No son para controlar al equipo.*
- ▶ *Son para tener espacios de reflexión y autoconocimiento.*
- ▶ *Son para ayudar a mejorar el rendimiento del equipo.*

La deuda técnica es una métrica que mide la calidad, se genera cuando no se hacen bien los controles de calidad.

La *deuda técnica* es lo que se tenía que haber realizado, pero no se hizo en tiempo y forma, generara problemas en el futuro y atrasara al equipo haciendo que tengas que solucionar trabajo de Sprints anteriores.

También hay que hablar de un concepto relacionado con la deuda técnica que es **Carry Over.**

Carry Over es la diferencia entre el trabajo entregado y el trabajo comprometido que sería igual al trabajo no entregado en el Sprint.

Por ejemplo, en el Sprint 3 el equipo se puede comprometer a 25 puntos, pero solo entrega 20 por lo tanto el **Carry Over** o trabajo no entregado sería de 5 puntos.

El **Carry Over** tiene las siguientes 3 características:

1. *Es negativo para el equipo.*

2. *Se produce por errores de estimación.*

3. *El Carry Over no desaparece.*

La deuda técnica genera intereses. Cada mes que tienes deuda técnica crece muchísimo esa deuda al mes siguiente, se comporta como los intereses de un banco y además junto con el **Carry Over** provoca que haya retrasos en las entregas.

Si encuentras una mala práctica hay que solucionarla rápido o generará deuda técnica, esta deuda se debe tratar como un *PBI* prioritario a resolver.

Para reducir la deuda técnica podemos realizar las siguientes actividades:

▼ *Ser más estricto con el **DoD**.*

▼ *Bajar la velocidad del equipo para no aumentar la **deuda técnica**, hay que tener un ritmo sostenible.*

▼ *Priorizar atrasos para recuperar tu velocidad agregándolos al **Product Backlog** con prioridad alta.*

▼ *Se deben resolver los errores cuando aparezcan.*

▼ *Se deben atender bien los **DOR**, estimación, priorización y **DoD**.*

Bajar la velocidad cuando ya haya deuda técnica disminuye el incremento de deuda, pero no la elimina para eso hay que priorizar la solución de esos problemas antes incluso de las tareas porque llegara un momento que generara tanto retraso que la velocidad será mínima y se estancaran y no podrán avanzar hasta resolver esos problemas o directamente hará que el proyecto se cancele.

3.9.1 Tipos de métricas

Las métricas se pueden agrupar de la siguiente manera según la tabla de abajo:

Seguimiento	Cierre	Acumulativas	Estado del equipo
Burndow Burnup	Velocidad	Grafico	Happiness

Velocidad

Es el trabajo real producido en base a datos reales y se muestra al cerrar el Sprint; tiene las siguientes características:

▼ *Solo cuenta los puntos terminados al 100% **(DoD)**.*

▼ *Solo se promedia los últimos 3 Sprints.*

▼ *Intentar promediar a la baja.*

▼ *La velocidad suele variar entre los Sprints un poco.*

▼ *La estimación de la velocidad no se calcula bien hasta el tercer o cuarto Sprint.*

▼ *No está relacionado con la productividad.*

▼ *A medio plazo hay que tener una velocidad constante.*

▼ *Cuando se agregan personas al equipo de Scrum la velocidad no aumenta al contrario de lo que se piensa, si no que disminuye porque los miembros con más experiencia van a tener que capacitar a los nuevos.*

▼ *La velocidad no depende del equipo de Scrum.*

La velocidad tiene una fórmula que es la siguiente:

Velocidad= (N.D X D.S) * F.F.I

N.D= Número de desarrolladores.

D.S= Duración del Sprint.

F.FI= Factor foco inicial= Es el tiempo efectivo trabajado quitando comida, desayuno, descansos que suele ser el 60% o 70%.

Hay un **factor foco real** o **F.F.R** que viene dado por la siguiente formula:

Factor Foco Real= Velocidad Real / Velocidad Ideal.

Velocidad Ideal= N.D X D.S

La *velocidad real* es la que se tuvo al finalizar el Sprint y la *velocidad ideal* es la que estimamos con la fórmula de arriba.

La *velocidad* y el *factor de foco* lo normal es que varíen entre distintos *Sprints*.

Voy a hacer un ejemplo de un proyecto con 3 Sprints para que se vea cómo sería.

Sprint 1

N.D= 5 desarrolladores.

D.S = 5 días laborales.

F.F.I= 60% de trabajo efectivo.

Velocidad= (5x5) x60%= 5x5x0.6= **15 puntos** de velocidad estimada.

V.I= 5x5= 25

La velocidad real al final del Sprint fue de 12 puntos.

Factor Foco Real= V.R/V.I= 12/25= 0.48

Sprint 2

N.D= 5 desarrolladores.

D.S = 5 días laborales.

F.F.R= 0.48

Velocidad= (5x5) x 48%= **12 puntos** de velocidad estimada.

La velocidad real del equipo este Sprint ha sido de 22 puntos.

F.F.R= V.R/V.I= 22/25= 0.88

Parece que el equipo trabaja por encima de sus posibilidades.

Sprint 3

Después de los 2 primeros Sprints podemos hacer una estimación real de este Sprint antes de que termine.

F.F.R medio = 0.48+0.88/2= 0.68 de factor de foco real.

Velocidad= (5x5) x 0.68= **17 puntos** de velocidad estimada sería a lo que el equipo podría comprometerse.

Aquí no esperamos a terminar el Sprint para saber el F.F.R, si no que lo sacamos haciendo una media.

Estimación a largo plazo

E.L.P= Velocidad media x Numero de Sprints.

Velocidad media real= V.R1+V.R2 +V.R3= 12 +22+17= 17 de velocidad media.

E.L.P= 17x10 sprints= 170 puntos de media podíamos sacar en los próximos 10 Sprints.

Esta estimación puede ser variable por lo tanto es una estimación no es para imponer al equipo.

La velocidad del equipo muchas veces varía por la deuda técnica así que es importante controlarla.

Gráfica acumulativa

Esta gráfica nos permite ver información muy importante a lo largo de varios *Sprints*, como los puntos comprometidos comparando con los entregados, el **Carry Over**, las **historias de usuario** terminadas y el incremento en cada Sprint.

En la tabla de abajo se puede ver un ejemplo de gráfica acumulativa con los datos de 6 *Sprints*. Las historias adquiridas son las que se comprometieron.

Sprint	Comprometido	Entregado	Carry Over	Historias adquiridas	Incremento
1	35	20	15	7	20
2	10	17	0	2	37
3	15	25	0	3	62
4	15	20	0	3	82
5	20	23	0	2	105
6	26	23	3	2	128
Totales	**121**	**128**	**18**	**19**	**128**

Felicidad (Happines)

La métrica de felicidad es muy importante porque en *Scrum* les damos más importancia a las personas que a las herramientas.

En Scrum es muy importante saber cómo se sienten nuestros empleados, porque cada vez hay más ansiedad y depresiones por el mundo en que vivimos tan superficial, tan obsesionado con los seguidores, la edad, la belleza dando nulo valor a la inteligencia y a la cultura y eso afecta al rendimiento de los miembros del equipo.

Es muy importante saber qué sienten nuestros empleados, qué necesitan, qué objetivos vitales tienen, en qué podemos ayudarles para aplicar el **manifiesto ágil**.

Un empleado feliz trabaja mejor, más tranquilo, más seguro y comprometido que uno infeliz.

Richard Branson fundador del grupo Virgin dice lo siguiente:

"Si cuidas a tus empleados, ellos cuidaran a tus clientes".

Como ya comenté en partes de este libro, las consultoras se equivocan al tratar a los empleados como números, cada vez hay menos ingenieros y cada vez compensa menos estudiar una ingeniería, en España no solo llega a tener un trabajo, si no se cuida al empleado y aun encima se le paga muchos menos que en otros países, en un mundo globalizado y con jóvenes bilingües que hablan inglés ya cada vez más de esos jóvenes prefieren emigrar a países donde en el sector tecnológico les valoran más, pagan más y se les trata con respeto, coger empleados latinos a largo plazo no es la solución, muchos de ellos terminan volviendo a sus países, comprando sus casas en su país de origen y ese dinero no se queda en España, es hora de un cambio de filosofía, nuestro ejemplo EEUU, hay que fomentar la creación de startup porque pueden dar mucha innovación en España y las consultoras pueden ayudarles a crecer como socios tecnológicos.

Podíamos hacer el siguiente cuestionario a nuestros empleados para saber su estado anímico:

1. ¿Estás a gusto con tu rol en la empresa? de 1 a 5

2. ¿Estás a gusto en tu equipo de trabajo? de 1 a 5

3. ¿Te sientes valorado por tu empresa? de 1 a 5

Estas preguntas podían hacerse cada mes y según la respuesta la empresa debería ver que puede cambiar para que sus empleados estén contentos en su puesto, equipo y empresa.

También una recomendación que hago es que la empresa le permita ganar un extra al empleado de manera pasiva, cursos online, ebooks, todo aquello que pueda aumentar los ingresos, si no se puede pagar más hay que ser creativos, igual que la empresa quiere tener más beneficios los empleados igual, hay que tener empatía, los ingenieros siempre terminan yéndose cuando les pagan más, así que al final es lo que les mueve sobre todo a la gente más brillante y joven.

3.10 PATRONES DE SCRUM

Los patrones son soluciones probadas, aplicadas y repetibles orientadas a solucionar problemas específicos.

Algunos problemas se solucionan con una configuración similar, una solución similar.

Los patrones se adaptan al equipo, pero para aplicarlos correctamente hay que seguir los pasos exactamente, no se puede cambiar y romper esos patrones porque al igual que pasa con Scrum si haces eso al final no se saca el rendimiento máximo de Scrum y en el caso de los patrones no son efectivos.

El **Scrum Máster** es quien debe controlar que se apliquen correctamente Scrum y los patrones en el equipo.

Voy a hablar de 2 de los patrones más utilizados **patrón Swarming** y **procedimiento de emergencia.**

Patrón Swarming

Un problema común en los equipos es el **multitasking,** que es cuando un miembro del equipo está con varias tareas a la vez.

Puede ocurrir que en un proyecto haya varios **Product Owner**, 3 por ejemplo y cada uno asigne a un desarrollador del producto una tarea, al final tendría 3 tareas, esto hace que el desarrollador vaya más lento y al final seguramente una se quede en proceso y solo se terminen 2, esto es malo porque hace que se acumule trabajo y en 3 Sprints el desarrollador puede tener 3 tareas en progreso y si tenemos 5 miembros que les pasa lo mismo al final tenemos **15 tareas en progreso** en 3 *Sprints,* lo que genera trabajo acumulado y deuda técnica.

La solución a este problema es el *patrón* **Swarming**, método abeja; consiste en actuar como un enjambre de abejas, cuando un avispón que es 10 veces más grande que una abeja ataque la colmena, rodean al avispón entre todas, lo que genera un calor tan grande que al final es avispón muerte asado literalmente.

Bien no estoy pidiendo eso, ja,ja,ja, si no que todo el equipo trabaje junto a un *PBI o* **Product Backlog Item** *o elemento del* **Product Backlog** para entre todos terminar esa tarea cuanto antes.

Si somos 6 miembros en un equipo podemos utilizar 3 miembros del equipo para sacar una tarea y otros 3 miembros para otra y así poder sacar estas tareas mucho más rápido.

En este método es muy importante limitar el número de tareas en proceso y es importante que no estén más HU que miembros del equipo, si hay 6 personas en el equipo, 6 *Historias de Usuario* como máximo.

Procedimiento de Emergencia

Es un método que se aplica cuando vemos que no vamos al *Sprint Goal.*

Por ejemplo, compromiso 100 puntos en 14 días y en 7 días solo hicimos 15 puntos.

Este patrón tiene unos pasos, pero no tienen que aplicarse en orden, si el paso 1 no funciona, se aplica el paso 2, si no el 3 y si uno de los pasos soluciona el problema no se tiene que aplicar el resto de los pasos.

Los pasos son los siguientes:

1. *Cambiar la forma de realizar el trabajo aplicando Swarming.*

2. *Delega una parte del trabajo a otro equipo más adelantado.*

3. *Reduce el alcance, los PBI de baja prioridad se sacan.*

4. *Cancela el Sprint y replanifica.*

5. *Notifica cambios de fecha de entrega a gerencia o clientes.*

En este patrón se hace lo estrictamente necesario, solo los pasos necesarios.

3.11 CONSEJOS PARA IMPLEMENTAR SCRUM

Comentar 2 cosas, Scrum no soluciona problemas, los transparenta y que metas más personas a un equipo no hará que vayas más rápido a corto plazo solo a medio plazo, si entregas mal mira si te equivocas en estimaciones o no están aplicando correctamente **Scrum.**

Y para finalizar el tema más importante del libro voy a dar 10 consejos:

▶ Alinea tu organización, negocio, equipo y PB acorde al manifiesto ágil y los valores de Scrum.

▶ Aplica los cambios necesarios para aplicar el método ágil y Scrum a alto nivel y bajo nivel.

▶ Prioriza tu **Product Backlog** y asigna puntos a los **Product Backlog Items.**

▶ Planifica tus **Sprint**, prioriza y estima el **Sprint Backlog** y elige a tu equipo correctamente.

▶ Configura espacios colaborativos y empodera a los miembros de tu equipo.

▶ Respeta los eventos, apoya a tu equipo y confía en tu equipo.

▶ Resuelve los impedimentos cuando aparezcan.

▶ Falla pronto, resuelve pronto y actualiza con frecuencia el progreso y se transparente.

▶ Cumple el principio de *Pareto*, cumple el **DoD**, escala si hace falta.

▶ Aplica el ciclo **OODA** y mejora continuamente procesos y técnicas.

3.12 DÓNDE CERTIFICARTE

Para certificarte hay varios niveles, el primer nivel son organismos relacionados directamente con los creadores del manifiesto ágil y son **Scrum inc y Scrum org,** tienen cursos y profesionales directamente relacionados con los creadores del manifiesto ágil.

Luego están los del segundo nivel como **Certiprof** que no están relacionados directamente, recomiendo este porque son más baratos los exámenes.

3.13 CASO PRÁCTICO. DISEÑO DE UNA TIENDA VIRTUAL CON USER STORY MAPPING

Un User story mapping tiene varios pasos:

1. Indicamos las épicas que tendrá el proyecto.
2. Descomponemos esas épicas en historias de usuario más simples.
3. Descomponemos las historias de usuario en tareas y revisamos si falta alguna historia de usuario.
4. Priorizamos las tareas.
5. Creamos el primer MPV, el producto mínimo viable que sería la primera versión del producto.
6. Definimos nuestro plan de entrega de los siguientes release.

Indicamos las épicas que tendrá el proyecto

Cuenta Cliente Administración Tienda Tienda

Descomponemos esas épicas en historias de usuario más simples

Épica	Cuenta Cliente	Administración	Tienda
Historias de usuario	Login Registro Escritorio Pedidos Tarjeta regalo Descargas	Gestión de productos Gestión de pedidos Gestión de clientes Gestión de cupones Gestión de descuentos Gestión de devoluciones	Buscar producto Detalle producto Comprar producto Añadir producto al carrito Añadir producto a la lista de deseos Productos recomendados Valorar producto

Descomponemos las historias de usuario en tareas y revisamos si falta alguna historia de usuario

Vamos a tener una tabla por cada épica donde en la columna estarán las historias de usuario y en las filas las tareas, también aparecerán algunas HU que se me pasaron.

Épica cuenta de cliente						
Login	Registro	Escritorio	Pedidos	Tarjeta regalo	Descargas	Salir
Iniciar sesión	Registrar datos	Cerrar sesión	Ver todo los pedidos	Ver tarjeta regalo	Ver todos los productos digitales	Salir de cuenta y cerrar sesión
Recuperar password	Validar email	Acceder a pedidos recientes	Detalle de un pedido	Utilizar tarjeta regalo	Detalle de un producto digital	Salir de cuenta sin cerrar sesión
Guardar contraseña	Cumplir LOPD	Acceder a direcciones de envío	Cancelar un pedido		Descargar un producto digital	
	Eliminar cuenta	Acceder a edición de cuenta	Cambiar dirección de pedido			
	Doble factor					
	Registro con redes sociales					

Abajo diseñamos las historias de usuario para la épica de administración de tienda.

Épica Administrar tienda						
Gestión de productos	Gestión de pedidos	Gestión de clientes	Gestión de cupones	Gestión de descuentos	Gestión de devoluciones	Configuración
Añadir producto	Ver todos los pedidos	Bloquear cliente	Crear cupón	Crear descuento	Ver estado devolución	Configuración general
Modificar producto	Ver detalle pedido	Borrar cliente	Modificar cupón	Modificar descuento	Cambiar estado de devolución	Configuración impuestos
Borrar producto	Cambiar estado pedido	Descargar información cliente	Borra cupón	Borrar descuento	Suspender devolución	Configuración envío
Duplicar producto	Devolver pedido	Descargar información de todos los clientes		Aplicar descuento a categoría de productos		Configuración páginas de productos
Crear categoría producto	Generar factura en pdf	Convertir a cliente en cliente premium		Aplicar descuento especial a clientes premium		Configuración pagos
Borrar categoría producto	Albarán en pdf					Configuración privacidad
Modificar categoría producto						Configuración de plantillas de correos
Crear atributo producto						Configuración integración con redes sociales
Modificar atributo producto						Configuración con servicios externos
Borrar atributo producto						
Crear etiqueta						
Modificar etiqueta producto						
Borrar etiqueta producto						

Ahora descomponemos las historias de usuario de la épica tienda en las siguientes tareas.

Épica tienda							
Buscar producto	Detalle producto	Comprar producto	Añadir producto al carrito	Añadir producto a la lista de deseos	Productos recomendados	Valorar producto	Suscribirse
Buscar producto por precio	Ver resumen	Comprar con tarjeta	Añadir productos al carrito	Añadir productos a la lista	Ver producto recomendado	Valorar producto	Suscribirse por correo
Buscar producto por categoría	Ver valoración	Comprar con paypal	Vaciar carrito	Eliminar producto de la lista	Esconder producto	Modificar Valoración	Suscribirse por notificación navegador
Buscar mejor valorados	Ver atributos	Comprar contrareembolso	Eliminar elemento carrito	Vaciar lista	Esconder productos recomendados	Eliminar valoración	
Buscar más vendidos	Hacer zoom a foto	Envío premium	Añadir elemento al carrito	Ver lista			
Buscar productos en rebajas	Ver carrusel de fotos	Envío estándar	Ver carrito	Ver elemento de la lista			
	Ver video	Envío a una hora	Ir a finalizar compra				
	Visualizar contenido digital						

Priorizamos las tareas

Las tareas aparecen en función de la importancia que le da el cliente y además de ello dependerá el MVP y el resto de las funcionalidades que ira teniendo el producto en las distintas entregas con las versiones del producto.

Épica cuenta de cliente						
Login	Registro	Escritorio	Pedidos	Tarjeta regalo	Descargas	Salir
1.Iniciar sesión	1.Registrar datos	1.Acceder a pedidos recientes	1.Ver todo los pedidos	1.Ver tarjeta regalo	1.Descargar un producto digital	1.Salir de cuenta y cerrar sesión
2.Recuperar password	2. Cumplir LOPD	2. Acceder a direcciones de envío	2.Detalle de un pedido	2.Utilizar tarjeta regalo	2.Detalle de un producto digital	2.Salir de cuenta sin cerrar sesión
3.Guardar contraseña	3.Validar email	3.Acceder a edición de cuenta	3.Cancelar un pedido		3. Ver todos los productos digitales	
	4.Eliminar cuenta	4. Cerrar sesión	4.Cambiar dirección de pedido			
	5.Registro con redes sociales					
	6.Doble factor					

Épica administrar tienda						
Gestión de productos	Gestión de pedidos	Gestión de clientes	Gestión de cupones	Gestión de descuentos	Gestión de devoluciones	Configuración
1.Añadir producto	1.Ver todos los pedidos	1.Borrar cliente	1.Crear cupón	1.Crear descuento	1.Ver estado devolución	1.Configuración general
2.Modificar producto	2.Ver detalle pedido	2.Convertir a cliente en cliente premium	2.Modificar cupón	2.Aplicar descuento a categoría de productos	2.Cambiar estado de devolución	2.Configuración pagos
3.Borrar producto	3.Cambiar estado pedido	3.Descargar información de todos los clientes	3.Borrar cupón	3.Aplicar descuento especial a clientes premium	3.Suspender devolución	3.Configuración impuestos
4.Crear categoría producto	4.Devolver pedido	4.Descargar información cliente		4.Modificar descuento		4.Configuración envío
5.Borrar categoría producto	5.Generar factura en pdf	5.Bloquear cliente		5. Borrar descuento		5.Configuración privacidad
6.Modificar categoría producto	6.Albarán en pdf					6.Configuración páginas de productos
7.Crear atributo producto						7.Configuración de plantillas de correos
8.Modificar atributo producto						8.Configuración integración con redes sociales
9.Borrar atributo producto						9.Configuración con servicios externos
10.Duplicar producto						
11.Crear etiqueta						
12.Modificar etiqueta producto						
13.Borrar etiqueta producto						

Épica Tienda							
Buscar producto	Detalle producto	Comprar producto	Añadir producto al carrito	Añadir producto a la lista de deseos	Productos recomendados	Valorar producto	Suscribirse
1.Buscar producto por categoría	1.Ver resumen	1.Comprar con tarjeta	1.Añadir elemento al carrito	1.Añadir productos a la lista	1.Ver producto recomendado	1.Valorar producto	1.Suscribirse por correo
2.Buscar producto por precio	2.Ver valoración	2.Comprar con Paypal	2.Ver carrito	2.Ver elemento de la lista	2.Esconder producto	2.Modificar valoración	2.Suscribirse por notificación navegador
3.Buscar mejor valorados	3.Ver atributos	3.Envío estándar	3. Ir a finalizar compra	3.Eliminar producto de la lista	3.Esconder productos recomendados	3.Eliminar valoración	
4.Buscar más vendidos	4.Hacer zoom a foto	4.Envío premium	4.Eliminar elemento carrito	4.Ver lista			
5.Buscar productos en rebajas	4.Ver carrusel de fotos	5.Comprar con contra-reembolso	5.Añadir productos al carrito	5.Vaciar lista			
	5.Ver video	6.Envío a una hora	6. Vaciar carrito				
	6.Ver contenido digital						

Creamos el primer MPV, el producto mínimo viable que sería la primera versión del producto

Ahora que ya tenemos todas las historias de usuario y sus tareas y además sabemos lo más importante para el cliente creamos nuestro MVP, que será la primera versión de nuestro producto y tendrá que ser totalmente funcional y cumplir con las expectativas de los clientes, si algo habitual en su sector no está, será un gran hándicap por lo tanto vamos a añadir en nuestra primera versión las características habituales de una tienda virtual y si además tenemos alguna característica única o que tengan pocas, mejor que mejor.

MVP

Cuenta cliente

Como puede observar la tarjeta regalo lo hemos dejado para la siguiente entrega:

Login	Registro	Escritorio	Pedidos	Descargas	Salir
1.Iniciar sesión	1.Registrar datos	1.Acceder a pedidos recientes	1.Ver todos los pedidos	1.Descargar un producto digital	1.Salir de cuenta y cerrar sesión
2.Recuperar password	2. Cumplir LOPD	2. Acceder a direcciones de envío	2.Detalle de un pedido	2.Detalle de un producto digital	2.Salir de cuenta sin cerrar sesión
3.Guardar contraseña	3.Validar email	3.Acceder a edición de cuenta	3.Cancelar un pedido	3. Ver todos los productos digitales	
	4.Eliminar cuenta	4. Cerrar sesión	4.Cambiar dirección de pedido		
	5.Registro con redes sociales doble factor				

Administración de tienda

En la siguiente tabla ponemos las tareas que tiene que tener nuestro MVP, 4 de ellas irán a la siguiente entrega.

Épica Administrar tienda						
Gestión de productos	Gestión de pedidos	Gestión de clientes	Gestión de cupones	Gestión de descuentos	Gestión de devoluciones	Configuración
1.Añadir producto	1.Ver todos los pedidos	1.Borrar cliente	1.Crear cupón	1.Crear descuento	1.Ver estado devolución	1.Configuración general
2.Modificar Producto	2.Ver detalle Pedido	2.Convertir a Cliente en cliente premium	2.Modificar Cupón	2.Aplicar Descuento a categoría de productos	2.Cambiar Estado de devolución	2.Configuración Pagos
3.Borrar producto	3.Cambiar estado pedido	3.Descargar información de todos los clientes	3.Borrar cupón	3.Aplicar descuento especial a clientes premium		3.Configuración impuestos
4.Crear categoría producto	4.Devolver pedido	4.Descargar información cliente		4.Modificar descuento		4.Configuración envío

5.Borrar categoría producto	5.Generar factura en pdf			5. Borrar descuento			5.Configuración privacidad
6.Modificar categoría producto	6.Albarán en pdf						6.Configuración páginas de productos
7.Crear atributo producto							7.Configuración de pantillas de correos
8.Modificar atributo producto							8.Configuración integración con redes sociales
9.Borrar atributo producto							
10.Duplicar producto							
11.Crear etiqueta							
12.Modificar etiqueta producto							
13.Borrar etiqueta producto							

Tienda

Épica Tienda							
Buscar producto	Detalle producto	Comprar producto	Añadir producto al carrito	Añadir producto a la lista de deseos	Productos recomendados	Valorar producto	Suscribirse
1.Buscar producto por categoría	1.Ver resumen	1.Comprar con tarjeta	1.Añadir elemento al carrito	1.Añadir productos a la lista	1.Ver producto recomendado	1.Valorar producto	1.Suscribirse por correo
2.Buscar producto por precio	2.Ver valoración	2.Comprar con Paypal	2.Ver carrito	2.Ver elemento de la lista		2.Modificar valoración	
3.Buscar mejor valorados	3.Ver atributos	3.Envío estándar	3. Ir a finalizar compra	3.Eliminar producto de la lista		3.Eliminar valoración	

4.Buscar más vendidos	4.Hacer zoom a foto	4.Envío premium	4.Eliminar elemento carrito	4.Ver lista			
	4.Ver carrusel de fotos	5.Comprar con contrareembolso	5.Añadir productos al carrito	5.Vaciar lista			
	5.Ver vídeo		6. Vaciar carrito				

Definimos nuestro plan de entrega de los siguientes release

En esta última parte vamos definiendo en entregas las distintas versiones del producto, en la que vamos añadiendo mejoras al producto que lo hacen mejor, la otra opción es sacar todo de una vez con características que son únicas en el mercado y que harán que tu producto destaque con respecto a otros productos.

Con respecto a esto comentare algo que está muy de moda, la **comunicación disruptiva**, que consiste en diferenciarte del resto creando un mercado solo para ti porque tú eres el único que ofrece ese servicio o ese producto.

Un ejemplo es Netflix, todos hemos descargado películas de internet, los gobiernos intentaron controlar eso sin éxito así que Netflix creó un nuevo mercado en donde podías ver películas de todo tipo e incluso películas y series creadas por Netflix a un ritmo que ninguna productora de cine puede, creó un mercado único en el que tiene poca competencia, quizás Amazon Prime y algunas otras pero creo que sigue siendo la más utilizada y además últimamente compra los derechos de series que ya se vieron en otras plataformas como true Blood de HBO.

Algunos dirán, pero aunque crees un segmento de mercado en que de inicio solo estás tú, tarde o temprano irán más empresas pero tú siempre serás el primero en llegar y por lo tanto el que tendrá la cuota de mercado más grande, los demás solo podrán ir quitándote esa cuota poco a poco pero si tú innovas continuamente y aparece SCRUM es lo mejor, eso no pasara pero continuamente intenta mejorar, adáptate a los tiempos o te pasará como al Corte Ingles que era líder en tiempos en que la venta no era por internet o Firefox o Nestcape navegadores que no pudieron competir con el poder económico y de copia de Microsoft.

Un consejo, hazte grande rápidamente, porque si no alguien más grande copiará y te borrará del mercado.

Comentado esto vamos a mostrar la entrega dos o versión 2 del producto que en este caso es nuestra tienda virtual.

Entrega 2

Cuenta cliente

Estas son las tareas o características que no se publicaron en la primera versión del producto de la épica *Cuenta cliente*.

Registro	Tarjeta regalo
6.Doble factor	1.Ver tarjeta regalo
	2.Utilizar tarjeta regalo

Administración tienda

Estas son las tareas o características que no se publicaron en la primera versión del producto de la épica *Administración tienda*.

Gestión de clientes	Gestión de devoluciones	Configuración
5.Bloquear cliente	3.Suspender devolución	9.Configuración con servicios externos

Tienda

Estas son las tareas o características que no se publicaron en la primera versión del producto de la épica *Tienda*.

Buscar producto	Detalle producto	Comprar producto	Productos recomen dados	Suscribirse
5.Buscar productos en rebajas	6.Ver contenido digital	6.Envío a una hora	2.Esconder producto 3.Esconder productos recomendados	2.Suscribirse por notificación navegador

4

CREACIÓN Y GESTIÓN DE HISTORIAS DE USUARIOS

4.1 ¿QUÉ ES UNA HISTORIA DE USUARIO Y EJEMPLO?

Las *historias de usuario* son descripciones cortas y simples de una característica o requisito desde el punto de vista de la persona o personas que quieren esa característica que suele ser el cliente.

La plantilla de una *historia de usuario* o *HU sería como la siguiente:*

Como <Rol>
Quiero <Objetivo>
Para <Motivo>

Las historias de usuario antes se escribían en notas o Post-it y se ponían en una pared, pero a día de hoy se suelen utilizar herramientas como *Jira* o *Trello* para crearlas y gestionarlas.

Un ejemplo de *HU* para el requerimiento de maximizar los ingresos de un hotel seria:

Como operador hotelero **Quiero** poder ver en un calendario las habitaciones ocupadas **Para** poner en Booking las habitaciones libres.

Además de las *HU* tenemos las *Épicas* que son *HU* demasiado grandes para que un grupo pueda realizarla en un *Sprint*, por eso esas HU se dividen en otras más pequeñas.

Un ejemplo de *Épica* sería la siguiente:

Como dentista **Quiero** hacer una copia de seguridad de todos mis pacientes **Para** recuperar sus datos por si se pierden.

Esta *Épica* se podría dividir en un montón de *Historias de Usuario,* pero 2 podrían ser:

Como dentista **Quiero** buscar a mis clientes por DNI o pasaporte **Para** hacer una copia de seguridad de su historial dental.

Como dentista **Quiero** buscar aquellos pacientes que llevan más de 5 años sin venir **Para** no hacer una copia de seguridad de su historia dental.

Por último, comentar que para poder especificar mejor o añadir detalles a una *HU* se puede hacer de 2 maneras, dividiendo la *HU* en otras más pequeñas o utilizando criterios de aceptación.

4.2 ¿QUÉ ES UN CASO DE USO? EJEMPLO

Un *Caso de Uso* describe una secuencia de interacciones entre un sistema y un actor externo para una funcionalidad determinada.

Hay distintos **Casos de Uso,** pero todos tienen estos elementos:

▼ *Identificar único.*

▼ *Un título que indique el objetivo de un **Caso de Uso**.*

▼ *Un detonante que genere la secuencia de pasos.*

▼ *La precondición que se debe cumplir para iniciar un **Caso de Uso**.*

▼ *La postcondición que debe tener el sistema luego de ejecutar el **Caso de Uso**.*

▼ *Los pasos entre el **Actor Externo** y el Sistema.*

Hay que comentar que un actor puede ser una persona, un sistema externo o un dispositivo de hardware.

Ahora vamos a ver un ejemplo donde podemos crear un *Caso de Uso* para la funcionalidad de una aplicación web.

Supongamos que tenemos una aplicación web en la cual ofrecemos el servicio de suscripción de streaming para poder ver las carreras de motos GP en vivo y en offline.

La funcionalidad que queremos es que el usuario pueda suscribirse a la misma.

En la siguiente página hay la tabla de este *Caso de Uso*, es un ejemplo simple pero muy didáctico donde puedes ver cómo es un caso de uso simple pero muy claro.

Caso de uso: suscripción a Streaming			
Descripción: el visitante quiere ver las carreras de motos GP en vivo			
Precondición			
El visitante tiene que estar registrado en la página El visitante debe estar suscrito al Streaming, tener una tarjeta de crédito o débito y pagar 2,99 euros al mes			
Flujo normal			
Acción del actor		Respuesta del sistema	
1	El visitante introduce su usuario y password	2	El sistema verifica los datos y da acceso al usuario a su panel
3	El visitante desde su panel pulsa en Ver Carrera	4	El sistema muestra la carrera de Moto GP con calidad HD
Flujo alterno			
Usuario y contraseña incorrectos		El sistema muestra un error y no deja acceder	
Postcondiciones			
La carrera se graba y el visitante ya es usuario premium y puede ver carreras en vivo y carreras grabadas desde su panel en la opción carreras en diferido			
Pago:	Mensual	Coste:	2,99 euros

4.3 DIFERENCIAS ENTRE HISTORIA DE USUARIO Y CASO DE USO

Vamos a basarnos en el ejercicio anterior en la funcionalidad de suscripción para ver la diferencia entre un Caso de Uso y una Historia de Usuario.

El anterior ejercicio puesto como una Historia de Usuario seria.

Como visitante del sitio **Quiero** suscribirme al sitio **Para** poder ver las carreras de Moto GP en vivo y en diferido.

Como podemos ver esta HU no tiene detalles y lo he hecho apropósito para poder ir refinando la historia para poder ir creando los *Criterios de Aceptación* que harán que la historia esté mucho más estricta y refinada.

En el Caso de Uso se toma otra perspectiva, no queremos saber qué es lo que el usuario quiere hacer con el sistema si no los pasos que tenemos que seguir para realizar la funcionalidad que en este caso es la suscripción a Streaming, es decir, los pasos que tiene que hacer el visitante, que es el actor externo, para conseguir suscribirse al streaming y poder ver Moto GP en vivo y en diferido.

4.4 CRITERIOS DE ACEPTACIÓN Y UN EJEMPLO

Los criterios de aceptación se aplican a las historias de usuario y nos permiten saber cuándo una de ellas está finalizada; suelen expresarse en forma de lista o como una serie de criterios.

El **Product Owner** es quien suele crear estos criterios con antelación, dado que es el propietario del producto, el que más sabe de las expectativas del cliente y el que debe asegurarse que están bien creados y que se cumplen todos los *Criterios de* Aceptación y que se cubran todos los aspectos que quiere *el cliente,* pero en la **Reunión de Planificación del Sprint**.

Se hace en esta reunión para que los desarrolladores entiendan las *Historias de Usuario* de este Sprint y el objetivo que quiere el cliente con este incremento.

En la **Reunión de Revisión** del Sprint es donde el *PO comprueba que las HU* cumplen con sus respectivos **Criterios de Aceptación**.

La plantilla de un **Criterio ce Aceptación** *sería la siguiente:*

Dado (Give) un contexto inicial.

Cuando (When) se produce un evento.

Entonces (Then) se produce un resultado.

Una manera de hacer **Criterios de Aceptación** es utilizando **BDD,** que es un enfoque que se centra en el desarrollo de software basándose en escenarios de usuario en donde programadores, técnicos y stakeholders definen los requisitos con el lenguaje **Gherkin**.

En la sección de abajo vamos a ver un ejemplo de criterio de aceptación. Basándose en la historia de usuario de abajo.

HU

Como visitante del sitio **Quiero** suscribirme al sitio **Para** poder ver las carreras de Moto GP en vivo y en diferido.

Criterio de aceptación

Escenario 1: suscripción del visitante.

Dado un visitante que ha cargado la página web en su navegador.

Cuando el visitante está registrado, está logeado, está suscrito al streaming y ha guardado una tarjeta de crédito o débito en la web.

Entonces el visitante podrá ver en vivo o en diferido en su cuenta las carreras de Moto GP.

► *1 es el **número** de escenario.*

► *Suscripción del visitante es el **título** del criterio.*

► *Un visitante que ha cargado la página web en su navegador es el **estado inicial.***

► *El visitante está registrado, está logeado, está suscrito al streaming y ha guardado una tarjeta de crédito o débito en la web, son las condiciones o **acciones que desencadenan un proceso.***

► *El visitante podrá ver en vivo o en diferido en su cuenta las carreras de Moto GP es el **resultado del proceso.***

4.5 INVEST. CREACIÓN DE UNA BUENA HISTORIA DE USUARIO

Para que una historia de usuario esté bien creada debe ser **INVEST,** que es independiente, negociable, aportar valor, estimable, corta y testeable.

La palabra INVEST son las siglas de esas 6 características, pero en inglés, y voy a explicar cada característica más en detalle.

Independiente

Las historias de usuario deben ser independientes, si 2 o más HU son dependientes si son pequeñas unifícalas en una sola y si son grandes debes tenerlo en cuenta a la hora de planificar.

Negociable

Deben tener un detalle que necesita ser discutido con el cliente para conseguir más información acerca de lo que el cliente desea.

Valorable

Deben aportar valor al cliente y deberían ser independientes a la tecnología solo centrándose en la funcionalidad, pero algunas veces la historia de usuario puede aportar valor siendo bastante técnica.

Estimable

Se tiene que poder estimar la HU si no se puede es porque hay que realizar más reuniones con el cliente para obtener más detalle y poder estimar.

Cortas

Las historias de usuario deben ser lo suficientemente cortas para que puedan:

▼ Ser fáciles de estimar.
▼ Sea sencillo trabajar con ellas.
▼ Se puedan realizar de manera independiente.
▼ Se puedan realizar en un Sprint.

Testeables

Las historias de usuario deben poder probarse, la mejor prueba de que una historia de usuario está finalizada es que pase todas las pruebas que se realizaron para ella.

4.6 REFINAMIENTO DE HISTORIAS DE USUARIO. USER STORY MAPPING. ROADMAP

Una historia de usuario se puede refinar utilizando las 7 dimensiones siguientes:

Usuario	¿Quién va a interactuar con el producto?
Interfaz	¿Qué interfaz tendrá el producto?
Acciones	¿Qué acciones se pueden realizar en el producto?
Datos	¿Qué datos se podrán buscar y guardar en el producto?
Control	¿Qué control de calidad va tener que pasar?
Ambiente	¿En qué contexto se usará el producto?
Calidad	¿Los tiempos de carga son pequeños, es extensible y usable el producto?

Si utilizamos las siguientes preguntas podemos ver si una Historia de Usuario se puede refinar más:

▼ *¿Tiene impedimentos?*
▼ *¿Está el DoD definido correctamente?*
▼ *¿Soluciona el problema del Sprint?*
▼ *¿Se estima correctamente?*
▼ *¿Debe ser refinada?*
▼ *¿Se puede probar?*

Si da **no** en algunas de estas preguntas habrá que refinar más la **Historia de usuario**.

Un lugar donde se suele utilizar el refinamiento es en las **Épicas**, que como sabemos por su tamaño necesitan más de un Sprint para realizarlas, deben dividirse para aportar valor.

4.6.1 User Story Mapping

Es una técnica que se utiliza para la creación de un producto o de una nueva funcionalidad de un producto; el resultado será un diagrama en que todas las historias de usuario están ordenadas en grupos funcionales lo que permite tener un panorama general y poder ver todos los detalles de la aplicación en su conjunto.

Esta técnica es útil porque permite el descubrimiento del producto y la priorización de las tareas en construcción.

Esta técnica tiene 6 pasos que son los siguientes:

1. *Empezar por épicas o grandes historias.*
2. *Descomponer las épicas en historias de usuario más pequeñas.*
3. *Revisar la completitud del diagrama.*
4. *Ordenar las tareas según su importancia.*
5. *Definir las entregas.*
6. *Definir las siguientes entregas.*

Estos 6 pasos los haremos en la práctica de este tema que será el diseño de una tienda virtual, no toda si no una parte para que se entienda como se aplica esta técnica.

4.6.2 Roadmap

Este diagrama nos permite ir planificando las entregas; cada entrega es un incremento funcional fundamental del producto que hace que con cada entrega se entregue una parte más grande de un producto.

Por ejemplo, supongamos que un producto tiene 4 épicas, pues cada épica sería una entrega y se entregaría cada 2 semanas, al final sería algo así.

Épicas	1-15 dic	16-31 dic	1-15 Ene	16-31 Ene
Épica 1	Entrega 1			
Épica 2		Entrega 2		
Épica 3			Entrega 3	
Épica 4				Entrega 4

GLOSARIO

Aquí se mostrará un resumen de los conceptos más importantes del libro.

▶ **27001:** La norma ISO 9001 busca mejorar la confianza y satisfacción del cliente, así como de las partes interesadas; establecer una cultura proactiva de prevención, mejora y protección medioambiental y asegurar la consistencia de calidad de productos y servicios.

▶ **API:** En español quiere decir Interfaz de Programación de Aplicaciones, es un conjunto de funciones y métodos que permite integrar sistemas, permitiendo que sus funcionalidades puedan ser reutilizadas por otras aplicaciones o software.

▶ **Appium:** Es el estándar en automatización de pruebas para móviles. Es un framework open source que permite probar aplicaciones nativas o híbridas. Se basa en Selenium, pero para probar aplicaciones para móviles.

▶ **Bamboo:** Es una herramienta de integración continua y despliegue que reúne compilaciones, pruebas y versiones automatizadas en un solo flujo de trabajo. Pertenece a Atlassian la empresa creadora de Jira.

▶ **BDD:** Behavior Driven Development (BDD), o desarrollo orientado al comportamiento, es una metodología ágil de desarrollo software en la que una aplicación se documenta y diseña en función del comportamiento que los usuarios esperan experimentar al interactuar con ella.

▶ **Bitbucket:** Es un repositorio online que es compatible con el control de versiones Git y forma parte de la familia de soluciones de Jira.

▶ **Burndow Chart:** Es el término en inglés para referirse a un gráfico burndown o gráfico de trabajo pendiente en el entorno de Scrum. Se trata de un diagrama que muestra el trabajo que queda por hacer con respecto al tiempo necesario para completarlo.

▸ **Caso de uso:** Los casos de uso pretenden ser herramientas simples para describir el comportamiento del software o de los sistemas. Un caso de uso contiene una descripción textual de todas las maneras que los actores previstos podrían trabajar con el software o el sistema.

▸ **Chapters:** Se refiere a un grupo de miembros de diferentes equipos que trabajan en el mismo campo o tecnología y que suelen tener el mismo rol.

▸ **CI/CD:** CI/CD, o integración continua/entrega o implementación continuas, es una práctica de desarrollo de software que es posible gracias a la automatización.

▸ **Criterio de aceptación:** Los criterios de aceptación definen los requisitos de una historia de usuario para la aceptación de los interesados y los clientes. Se pueden definir los criterios de aceptación que se utilizan para decidir si se ha finalizado una historia de usuario.

▸ **Cucumber:** Framework de Java basado en BDD.

▸ **Cypress:** Es una herramienta de automatización de pruebas de front-end, de código abierto, diseñada específicamente para probar aplicaciones web modernas. Ofrece una combinación de pruebas end-to-end y pruebas unitarias. Utiliza JavaScript y tiene una plataforma de pago para las empresas.

▸ **DevOps:** Es un conjunto de prácticas, herramientas y filosofía cultural que sirve para automatizar e integrar los procesos que comparten el equipo de desarrollo de software y el de TI u operaciones.

▸ **DoD:** Significa (Definition of Done) y es el conjunto de criterios definidos por el equipo Scrum que determinan si una historia de usuario puede ser considerada como terminada.

▸ **DoR:** Significa (Definition of Ready) y se establece cuando una historia está lista para ser desarrollada, y por lo tanto, puede incluirse dentro de un Sprint Backlog. Por ejemplo: está refinada y estimada en puntos de historia por el equipo.

▸ **Feedback:** Es una respuesta automática que da otra persona para saber el estado de un tema, se utiliza para entrevistas o para pruebas.

▸ **Framework:** Define la estructura de tu futuro proyecto y proporciona las herramientas necesarias que puedes usar como bloques de construcción, suele incluir bibliotecas con métodos y funciones.

▸ **GitHub:** Es un repositorio online que es compatible con Git y que se integra con la mayor parte de las herramientas ya que es el repositorio más utilizado por los desarrolladores.

▸ **Historia de usuario:** Es una explicación informal de una función de software, escrita desde la perspectiva del usuario final. Se utiliza en las metodologías de desarrollo ágil y es una manera de que desarrolladores y usuarios finales puedan entenderse.

- **Intellij IDEA:** Es un entorno de desarrollo integrado muy ágil que se integra con todo tipo de herramientas.

- **ISO 9000:** Abarcan un conjunto de directrices orientadas a la óptima gestión de una organización. Tienen como finalidad unificar criterios para reducir los costes de producción y aumentar la productividad.

- **JDK:** Significa kit de desarrollo de Java y es una colección de herramientas de software que se pueden utilizar para desarrollar aplicaciones de Java. Puedes configurar el JDK en el entorno de desarrollo si lo descargas e instalas.

- **Jenkins:** Jenkins es un servidor open source para la integración continua. Es una herramienta que se utiliza para compilar y probar proyectos de software de forma continua, lo que facilita a los desarrolladores integrar cambios en un proyecto.

- **Jira:** Herramienta muy utilizada para la gestión de proyectos con metodologías ágiles.

- **JMeter:** Es una herramienta para hacer pruebas de rendimiento, sobre todo aplicaciones web, pero también puede usarse para hacer pruebas a base de datos, protocolos como FTP y servicios web.

- **JUnit:** Es un framework utilizado para realizar pruebas unitarias sobre aplicaciones escritas en Java. Se puede utilizar en todo tipo de entornos de desarrollo como Eclipse, Intellij, etc. Es el más utilizado.

- **Kanban:** Se trata de una metodología visual de gestión de proyectos que permite a los equipos visualizar sus flujos de trabajo y la carga de trabajo.

- **Katalon DevOps:** Es la plataforma de Katalon que nos permite integrar herramientas como Jenkins o Jira y que permite guardar los informes de ejecuciones hechas desde Katalon Studio Enterprise o desde TestCloud.

- **Katalon Runtine Engine:** Es la herramienta que permite ejecutar los scripts creados con Katalon Studio desde consola y lanzándolos desde Jenkins. Es una herramienta con licencia comercial.

- **Katalon TestCloud:** Es la plataforma de pruebas online de Katalon que permite ejecutar pruebas en los 5 navegadores en los 3 sistemas operativos y en distintos sistemas operativos de móviles y en distintos modelos de móviles.

- **Katalon:** Es una herramienta comercial, pero con parte libre para automatizar pruebas funcionales y de API sobre aplicaciones web, app´s y de escritorio. Tiene una plataforma de pruebas online y está creciendo mucho su utilización junto con Cypress.

- **KPI:** Un KPI, en inglés key performance indicator (indicador clave de rendimiento), es una métrica cuantitativa que muestra cómo tu equipo o empresa progresa hacia tus objetivos empresariales más importantes. Un ejemplo número de casos de prueba no exitosos en una prueba de regresión.

▶ **LOPD:** Ley orgánica de protección de datos española.

▶ **Manifiesto ágil:** Es un documento que se centra en los 4 valores y 12 principios del desarrollo de software con metodologías ágiles.

▶ **Mantis:** Es un gestor de incidencias, una herramienta web que permite a empresas y profesionales independientes gestionar de forma ordenada y eficiente las incidencias.

▶ **Maven:** Es un framework de gestión de proyectos de software, que proporciona un modelo estándar de gestión y descripción de proyectos. Te permite distribuir, desplegar y documentar proyectos. Descarga dependencias de manera fácil.

▶ **Mockito:** Es un framework de código abierto para simular objetos y sus métodos; se utiliza en las pruebas unitarias junto con **JUnit** para simular aquellos servicios que aún no están implementados. Es una técnica que se está utilizando mucho en proyectos que consumen servicios API Rest.

▶ **MVP:** Producto mínimo viable, es una versión de un producto que se desarrolla con la menor cantidad de esfuerzo posible para obtener valoraciones de los clientes antes de invertir más recursos en este.

▶ **Newman:** Newman es una herramienta que te permite ejecutar las colecciones de Postman desde línea de comandos y te permite generar los reportes del testing.

▶ **Patrones de diseño:** Son elementos reutilizables creados para resolver problemas comunes. Corrigen diferentes problemas que presenta nuestro código de una manera segura.

▶ **PMI:** Son las siglas de Project Management Institute (Instituto de Gestión de Proyectos), que es una organización profesional sin ánimo de lucro para gestores de proyectos y gestores de programas.

▶ **Postman:** Es una herramienta gratuita para hacer pruebas sobre API´s que es utilizada por testers y desarrolladores por su potencia y facilidad de uso. Puede automatizar las pruebas de API.

▶ **Producción:** Es el entorno donde los usuarios reales trabajan con la aplicación o el sistema creado por los desarrolladores.

▶ **Product backlog:** Es una lista ordenada de todas las tareas que se harán para el desarrollo de un producto, cuando utilizas la metodología Scrum. Digamos que es el trabajo pendiente en un proyecto.

▶ **Product Owner:** Sus siglas son PO, es la persona que debe asegurarse de que el equipo con el que trabaja aporta auténtico valor al proyecto, encargándose de gestionar las tareas del backlog y decidiendo sobre las características del producto.

▶ **Pruebas ágiles:** Las pruebas ágiles implican la prueba continua durante el ciclo de desarrollo de software para entregar un producto de alta calidad a los usuarios finales.

▼ **QA Lead:** Es responsable de un equipo de QA (Quality Assurance). Se encarga de gestionar el día a día de un equipo de testers y planifica su trabajo, además de participar activamente en tareas de testing como los demás miembros.

▼ **QA:** Significa Quality Assurance y básicamente las personas que hacen esta labor garantizan que cualquier software o hardware cumplen con los estándares de calidad de la empresa o proyecto.

▼ **Release:** Es la distribución de la versión final o la versión más reciente de una aplicación de software. Un lanzamiento de software puede ser público o privado y generalmente significa la presentación de una versión nueva o mejorada de la aplicación.

▼ **Requerimiento:** Los requerimientos de software son las necesidades de los Stakeholders que requiere que la aplicación deba de cumplir de manera satisfactoria.

▼ **RGPD:** Ley general de protección de datos europea.

▼ **SAFe:** El Scaled Agile Framework es un modelo que implementa prácticas Agile a nivel empresarial. En otras palabras, ayuda a las empresas a incorporar Agile en sus procesos a medida que su negocio crece. SAFe fue lanzado en 2011 por Dean Leffingwell y Drew Jemilo.

▼ **Script:** Es un conjunto de instrucciones que se ejecutan en un ambiente en tiempo de ejecución. Son pasos para realizar un objetivo. Normalmente, los scripts son interpretados, lo que significa que las instrucciones se leen y ejecutan una por una en tiempo real.

▼ **Scrum Master:** Es básicamente un líder de equipos Scrum. Ayuda al equipo a mantenerse enfocado en los objetivos del proyecto y elimina los impedimentos que van apareciendo durante el camino

▼ **Scrum:** Scrum es un marco de trabajo para desarrollo ágil de software que se ha expandido a muchas industrias. Es un proceso en el que se aplican un conjunto de buenas prácticas para trabajar colaborativamente.

▼ **Selenium IDE:** Es la herramienta de grabación de Selenium, se puede instalar como extensión en los navegadores Chrome, Firefox como mínimo. Para ello nos permite grabar, editar y depurar casos de prueba, que podrán ser ejecutados de forma automática después.

▼ **Selenium:** Es un framework de automatización de pruebas funcionales sobre aplicaciones web. Es una de las herramientas que más se utilizan para este objetivo, es Open Source y gratis.

▼ **Skateholder:** Son todos los interesados en un proyecto tecnológico, desarrolladores, proveedores, clientes, etc.

▼ **Slack:** Es una herramienta que se integra con las herramientas más importantes para poder enviar mensajes entre ellas a través de canales que se crean.

▶ **SonarQube:** Es una herramienta que permite realizar un análisis estático de código. Lo que hace es identificar los puntos susceptibles de mejora, que facilitarán la obtención de métricas necesarias para la optimización del código.

▶ **Sourcing:** Búsqueda de talentos, es la primera etapa del proceso de contratación en cualquier sector; hoy en día se hace una búsqueda a nivel global buscando perfiles en países cuyo nivel de vida sea más bajo para reducir costes.

▶ **Sprint Backlog:** Es una lista de historias de usuario y tareas que ayuda a los equipos de agile a centrarse en sus objetivos y priorizar su trabajo de forma eficaz en un Sprint.

▶ **Sprint Goal:** Son los objetivos que se marcan en un sprint. Se crea durante la Sprint Planning mediante la colaboración de todo el Equipo Scrum y se añade al Sprint Backlog. Normalmente, es el Product Owner quien la propone.

▶ **Sprint:** Es un período breve de tiempo fijo en el que un equipo de Scrum trabaja para completar una cantidad de trabajo establecida. Suele ser entre 2 semanas y un mes el periodo de tiempo establecido.

▶ **Squads:** Es un pequeño equipo multifuncional y autoorganizado de hasta 8 personas donde cada uno tiene un rol diferente, aunque varios pueden tener el mismo.

▶ **Story mapping User:** Es una técnica utilizada en el diseño de un producto; permite esbozar un nuevo producto o una nueva característica para un producto existente, el resultado es un diagrama en que todas las historias de usuario están ordenadas en grupos funcionales.

▶ **Tarea:** Es una serie de acciones que se tienen que completar para conseguir un objetivo. Puede dividirse en subtareas. Una historia está compuesta de tareas y subtareas.

▶ **TDD:** En español desarrollo guiado por pruebas, es un enfoque de programación que se utiliza durante el desarrollo de software en el que se realizan pruebas unitarias antes de escribir el código.

▶ **Testers:** Especialista que se encarga de realizar las pruebas en un proyecto tecnológico.

▶ **TestNG:** Es un framework utilizado para realizar pruebas unitarias sobre aplicaciones escritas en Java. Se puede utilizar en todo tipo de entornos de desarrollo como Eclipse, Intellij, etc. Es el segundo más utilizado.

▶ **TimeBoxing:** Es el tiempo para realizar una tarea. Aquí lo determinante es crear el mayor valor posible en el timebox seleccionado para la tarea. Esto se hace para que no se extienda alguien demasiado haciendo una tarea y afecte al sprint.

▶ **TMAP:** Significa (Test Management Approach) y es la metodología de pruebas de SOGETI, una empresa española, diseñada especialmente para abordar los principales problemas de calidad, tiempo y costes ocurridos durante todo el ciclo de vida de desarrollo de una solución tecnológica.

▼ **TTM:** Significa Time to Market que es el tiempo para que un producto esté preparado para salir al mercado. Cuanto más pequeño sea este tiempo mejor, porque estamos en un mercado competitivo donde el primero en llegar gana.

▼ **UAT:** Pruebas de aceptación con usuarios reales en la aplicación desarrollada.

▼ **VUCA:** Es un modelo de gestión de entornos complejos, volátiles, impredecibles y ambiguos que persigue preparar a los gestores para una nueva realidad en la que es necesaria tener una gran capacidad de reacción.

▼ **WebDriver:** Es una herramienta de código abierto para pruebas automatizadas de aplicaciones web en varios navegadores. Provee la capacidad de navegar por páginas web, sistema de usuarios, ejecución de JavaScript y muchas más cosas.

▼ **XP:** El Extreme Programming (XP) es un método ágil creado a finales de los años 90 para el desarrollo de software. Se trata de una metodología cuyo objetivo es crear sistemas de alta calidad, basados en una continua interacción con los clientes.

▼ **XRay:** Extensión de Jira para gestionar las pruebas sobre software. Es de pago.

MATERIAL ADICIONAL

El material adicional de este libro puede descargarlo en nuestro portal web: *https://www.ra-ma.es*.

Debe dirigirse a la ficha correspondiente a esta obra, dentro de la ficha encontrará el enlace para poder realizar la descarga.

Cuando descomprima el fichero obtendrá los archivos que complementan al libro para que pueda continuar con su aprendizaje.

INFORMACIÓN ADICIONAL Y GARANTÍA

- RA-MA EDITORIAL garantiza que estos contenidos han sido sometidos a un riguroso control de calidad.
- Los archivos están libres de virus, para comprobarlo se han utilizado las últimas versiones de los antivirus líderes en el mercado.
- RA-MA EDITORIAL no se hace responsable de cualquier pérdida, daño o costes provocados por el uso incorrecto del contenido descargable.
- Este material es gratuito y se distribuye como contenido complementario al libro que ha adquirido, por lo que queda terminantemente prohibida su venta o distribución.

SÍGUENOS EN INSTAGRAM Y ACCEDE GRATIS A NUESTRA BIBLIOTECA DIGITAL DURANTE 30 DÍAS.

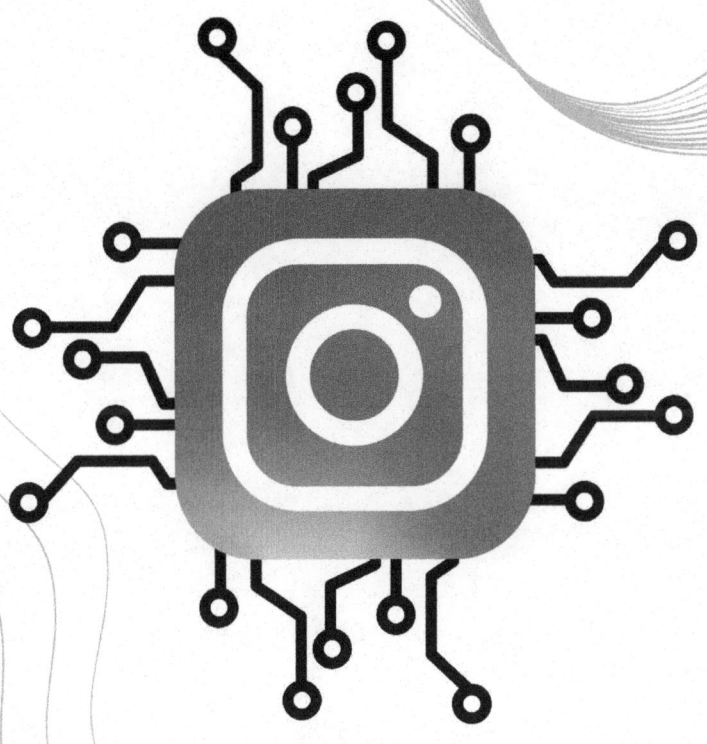

@grupoeditorialrama

¡ENVIANOS TU MAIL POR PRIVADO!

Grupo Editorial
ra-ma

40 ANIVERSARIO